子どもも大人も元気になる保育

ホンネの気持ちの見つけ方・支え方

萩原 光　渡辺久美子
Hagihara Kou　Watanabe Kumiko

エピソードで学ぶ
保育のエッセンス

ひとなる書房

はじめに

　たくさんの可能性を秘めた小さな命を育んでいく保育という仕事ほど、大切なものはありません。子どもたちのはじける笑顔や、無邪気な行動は、やわらかな感性にあふれています。そんな子どもの姿にふれると、保育士自身が心洗われる思いになることもあるでしょう。
　一方で、成長途上にある子どもに一日中寄り添っていくという仕事は、激務でもあります。時にはイライラしたり、落ち込んだりということもあるでしょう。大変な思いをしながらがんばっているみなさんが、どうすれば、もっと元気になれるだろうか。そんな願いを込めながら、この本を書きました。

　私は、子育て相談（親子カウンセリング）の仕事をはじめて22年になりますが、「接し方がむずかしい子どもが増えてきた」という声を、家庭だけでなく、保育現場からもよく耳にするようになりました。子どもの困った行動や気になる様子が昔と違ってきていて、気持ちがつかみにくい子が増えているのです。今どきの子どもたちの心の中は、いったいどうなっているのでしょうか？
　今まで1000組以上の親子の立ち直りを援助してきた中で感じてきたことは、一般に大人を困らせる子どもほど、繊細でやさしい気持ちや、「ちゃんとがんばりたい」という"ホンネ"を心の奥に隠し持っているということです。"気になる行動"の裏側にある、この切実な"ホンネの気持ち"が見えてくると、子どもと保育士の心がたちまち響き合いはじめます。すると、子どもはどんどん変わっていきます。子どもの切実な"ホンネの気持ち"は、子どもにとっても保育士にとっても、心が元気になるための大切な"宝物"なのです。
　そのために、ぜひ注目したいのが、"泣く"という行為です。子どもの笑顔を見るとほっとしますが、泣き出した時は、あわててしまいますね。でも、大丈夫。泣くという行為は、子どもの成長をあと押しする大切な役割を担っているのですから。"ダダをこねる""甘える"といった行為も同じで、むしろ、泣き上手・ダダこね上手・甘え上手の子どものほうが、切実な"ホンネの気持ち"が保育士に伝わりやすく、本来持っている"自ら育つ力"を発揮して、しっかりと育っていけるのです。

子どもが笑っていても、泣いていても、ダダをこねていても、ぜんぜんＯＫな保育って安心だと思いませんか？　そんな保育のヒントになる「子どもの心のメカニズム」や、保育士さんの"元気"に欠かせない「保育士のストレス対策」について、萩原が執筆しました。

　さらに、萩原と同じ方向性で実践を続けてきた千葉県富津市公立保育所所長の渡辺久美子さんが、実践の中で大切にしたい「保育のエッセンス」を、子どもの問題行動との取り組み、クラスの保育づくり、子育て支援、職員関係づくりといったテーマごとに提案しています。続くエピソードを読めば、子どもも保護者も保育士も、一人ひとりの本来の力や素敵さが輝くような保育が具体的にイメージでき、グッと身近なものに感じられるでしょう。
　ここでもキーワードは、切実な"ホンネの気持ち"です。子どもの"ホンネの気持ち"を大切にしていると、子どもが変わっていくだけでなく、保育士自身も保育が楽しくなり、大人の"ホンネの気持ち"にも気づきやすくなります。すると、保護者から寄せられる苦情や怒りが、保護者支援のチャンスにさえなります。職員も、一人ひとりが「自分でいいんだ」と思え、職員集団が元気になっていきます。
　自分の心の中には、今、外に見せているものとは別の、大切な"ホンネの気持ち"が隠れていること。でも、それをなかなか外に出せずに、自分一人でなんとかしようとしてがんばっていること。そのことにだれかが気づいてくれた時、子どもも大人も、苦しい孤立から抜け出すことができる。ただそれだけで、たとえその"ホンネ"が何かはよくわからなかったとしても、本来の自分の力を発揮することができる──そんな目からウロコのエピソードが満載です。

　どうぞ気楽な気持ちで、読みたいと思ったところからお読みください。「失敗しても大丈夫」「自分でいいんだ」と心が軽くなり、明日からの子どもたちとのかかわりが変わり、みんなが元気になれる楽しい保育が広がっていくことを願っています。

萩原　光

もくじ

はじめに 2

Part I "自ら育つ力"を支える"心のメカニズム" 子どもに泣かれても大丈夫です 7

1 子どもの心の中で起きていること 8

1）子どもが持つ驚きの自己成長力 8
  泣きやませなきゃ、ダメ？ 8
  "泣く"という力 9
  "ダダをこねる"という力 11
  「がんばりたい」というホンネのホンネ 11
  "甘える"という力 12

2）心の奥の"ホンネ"に気づいてほしい 14
  実は、泣かずにがんばっていた 14
  見えにくい"心の奥"の気持ち 15
  "むずかしい子"が変わっていく時 16
  発達障害の子どもの場合──どの子にも共通する保育のポイント 17
  "いい子"の場合──寄り添わなくていい子なんていません 17

2 子どものSOSと変化の兆しをつかむ 18

1）"泣き方"に注目！ 18
  2種類の"泣き下手"さん 18
  こんなタイプの子が"泣き上手"さんになってくると…… 18

2）"甘え方"に注目！ 20
  身をゆだねられない"甘え下手"さん 20
  こんなタイプの子が"甘え上手"さんになってくると…… 20

3）"ダダのこね方"に注目！ 22
  着地できない"ダダこね下手"さん 22
  こんなタイプの子が"ダダこね上手"さんになってくると…… 22

Part II　子どもの心が見えると保育が変わる　エピソードでたどる"元気"までのプロセス　25

1　安心して自分を出せる保育士と子どもの関係づくり　26

- エッセンス　**一人ひとりの葛藤に寄り添い、がんばりたい気持ちを応援する**　28
  ── 子どもとの関係づくりで大切にしたい5つの保育のエッセンス
- エピソード①　**トイレトレーニングが進まないりょうちゃんの気持ち**……子どもの葛藤に共感する　30
- エピソード②　**麻実ちゃんが泣き虫さんを卒業できたのは？**……タイプの異なる保育士がいる強みを生かして　33
- エピソード③　**哺乳瓶で飲めないあっちゃんを応援する**……赤ちゃんも"お母さんを応援したい気持ち"を持っている　36
- エピソード④　**かんしゃく持ちの翔ちゃんの変化**……泣き上手になると心が通い合う　40
- エピソード⑤　**反抗的な和くんのホンネ**……ホンネが見えると余裕が生まれる　43
- エピソード⑥　**新しい担任から逃げるけんたくん**……"逃げる"のは"追いかけてほしい"から　46
- エピソード⑦　**眠れないゆうくんにささやいた言葉**……その子に合った"心地よさ"を探る　49
- エピソード⑧　**いつもいい子の琴音ちゃん**……目につきにくい子にも意識的に目を向ける　52
- エピソード⑨　**乱暴なたっちゃんの涙のわけ**……"ホンネの気持ち"に思いをはせながら"抱き止める"　55
- エピソード⑩　**命令ばかりしているありさちゃんを本気で叱る**……共感するからこそホンネで向き合える　58
- エピソード⑪　**切り替えができない子どもとのやりとり**……気持ちの折り合いがつくまで楽しくつきあう　61
- エピソード⑫　**けんかからはじまった素敵なドラマ**……自分たちの力で道を切りひらく　64

2　子どもたちの底力が花ひらく活動・行事　67

- エッセンス　**子どもたちの考える力・育ち合う力が保育を輝かせる**　67
  ── クラスの保育づくりで大切にしたい6つの保育のエッセンス
- エピソード①　**えっ！　野菜の運動会って？**──"いつものやり方"から自由になる　69
- エピソード②　**チーム分けをめぐって**──本気のぶつかり合いがおもしろい　73
- エピソード③　**よしきくんの変化と成長**──仲間の中で育ち合う　77
- エピソード④　**『白雪姫』のナゾに挑む**──自分たちの"発見"を自分たちらしく表現する　81
- エピソード⑤　**『したきりすずめ』のウォークラリー**──保育士もわくわく劇づくり　85
- エピソード⑥　**ザリガニが広げるつながりの輪**──子どもの興味に寄り添い発展させる　91
- エピソード⑦　**カイコの命と向き合う**──小さな生き物と共に育つ子どもたち　95

Part III 大人も保育を楽しもう 大人が楽しいと子どももきっと楽しい　103

1　大人だって"がんばりたい" ── 保護者も保育士も元気になる子育て支援　104

エッセンス　多面的な視点から保護者の"本当の願い"を探る　105
　　　　　── 子育て支援で大切にしたい4つの保育のエッセンス
エピソード①　お母さんのこと特別扱いするよ！ ── 涙の担任を支えながら信頼関係を築く　108
エピソード②　「お昼寝をさせないで！」と言われて ── 自分たちの保育を振り返るきっかけに　111
エピソード③　怒っているお母さんがいとおしく思えた瞬間 ── "一生懸命"は見えにくい　114

2　職員がつながれば、子どもは変わる ── 保育士一人ひとりを大切にする職場づくり　118

エッセンス　まわりから認めてもらえると、自分から変われる　119
　　　　　── 職場づくりで大切にしたい4つの保育のエッセンス
エピソード①　子ども同士の育ち合いを見守るには？ ── 一つのテーマに園全体で取り組んでみる　121
エピソード②　弘志くんのケース検討会議 ── "こたえ"はみんなでつくるもの　127

3　保育士のストレス対策 ── 自分のホンネも大事にしよう　132

意外にむずかしい自己コントロール　132
ストレス解消をはばむ"心のフタ"　132
大人だって泣いていい　133
タイプ別ストレス対処法　133
片寄りは乗り越えられる　139
仲間の存在に支えられて　139

あとがき　140

＊ PartⅠおよびPartⅢの3（いずれも2段組部分）は萩原光、PartⅡおよびPartⅢの1・2は渡辺久美子が執筆。
＊ 本書に登場する子どもと保育士の名前はすべて仮名です。また個人が特定されるような事実関係は変更・割愛しています。

Part I

"自ら育つ力"を支える"心のメカニズム"

子どもに泣かれても大丈夫です

1
子どもの心の中で起きていること

1）子どもが持つ驚きの自己成長力

泣きやませなきゃ、ダメ？

　いつも子どもたちの笑顔がたえないクラス……いい感じですね。でも現実は、そうもいかない場合も多いことでしょう。いくら保育士ががんばっても、ちょっとしたきっかけで、子どもが泣き出すことがあります。せっかくの努力が水の泡？　実はそういうわけでも、ないのです。

　ある園で、保育の現場に入らせてもらった時のことです。2歳の女の子が、おもちゃをめぐって他の子と小競り合いになった末にたたかれ、泣いて若い保育士の胸に飛び込んでいきました。保育士は、その子をあやしたり、相手の子に謝らせようとしたり、とにかく泣きやませようと必死です。しかし、なかなか泣きやんでくれない子どもに、保育士のほうがだんだん半

ベソの顔に。聞くと、「ベテランの先生だったら、すぐに泣きやむのに……。どうしてあげたらいいか、わかりません」とのこと。そこで私（萩原）は、「先生のところで泣けるなんて、最高の関係じゃない。どうもしてあげなくても大丈夫だよ」とお伝えしました。

泣くという行為は、子どもが心の痛手から回復していくのに必要な行動です。ここぞという時に泣ける子どものほうが、気持ちのリセットも上手なのです。

"泣く"という力

"泣き"には2つの種類あります。

1つめは**欲求伝達の泣き**です。たとえば、「お腹がすいたから、オッパイがほしいよう」とか、「オムツがぬれて気持ち悪いから、替えてよう」とかの生理的欲求があった時、赤ちゃんは泣いて大人を呼びます。また、「遊んでほしい」「抱っこしてほしい」など、心理的欲求がある時も泣いて訴えます。これが"欲求伝達の泣き"です。"欲求伝達の泣き"の場合は、要求がかなえられると、子どもは泣きやむはずです。

ところが泣きは、もう1つ別の働きをする場合があります。それが2つめの**ストレス発散の泣き**です。子どもの欲求に思い当たるものがないのに、なかなか泣きやんでくれないことがあります。そういう場合は、"ストレス発散の泣き"である可能性があります。何かの欲求が満たされない時、子どもの心の中には、「悲しい」「さびしい」「くやしい」「つらい」といった感情ストレスがたまります。そういった心のもやもやを吐き出して楽になるために、泣くのです。

だれに教えてもらったわけでもなく、子どもは、気持ちのリセットという重要な作業を自主的にやってのけてしまうのですから、考えてみればすごいことですね。これが子どもの持つ自己成長力（自ら育つ力）なのです。

"ストレス発散の泣き"だとしたら、大人がかなえてあげるべきさしせまった要求は、特にありません。ただ、無理に泣きやませようとせず、抱っこで安心感を伝えながら、「いっぱい泣いていいよ。心ゆくまで泣いたら、スッキリするからね」と、まったりつきあっていてあげればいいのです。心の中のもやもやが消えたら、子どもは自らのペースで、自然に泣きやんでいくはずです。

どういう理由で泣いているのかがわかってもらえれば、子どもとしては一番うれしいでしょう。だからといって、いつもいつも理由をわかってあげなくてはならない、というものでもありません。子どもからすれば、「わかろうとしてくれている」こと自体がうれしいのです。ですから、そういう場合は、「何か理由はわからないけど、泣きたい気持ちでいっぱいなんだね」と受け止めてあげれ

図　2つの泣き

欲求伝達の泣き

ストレス発散の泣き

ば、子どもは満足なのです。

"ダダをこねる"という力

子どもの気持ちを大切にしていくことは、保育の基本です。でも、いつもいつも子どもの思い通りにしてあげるわけにはいきません。なので、そのことを子どもにていねいに説明するのですが、なかなか理解してくれない時は、いったいどうすれば……。

最近、ブロック遊びにはまっている3歳の男の子。昼食の時間になっても、なかなか片づけられません。何度もお約束をしたり、早めに声をかけたりと、工夫はしているのですが、最後はいつも、「イヤだ〜！」「先生のバカ〜！」とひと暴れ。その後は、けろっと昼食を完食なのですが、保育士は浮かぬ顔です。「どうやったら、わかってくれるのかしら」と悩む日々……。

でも、これでいいのです。子どもの持つ"ダダこね力"がちゃんと発揮されているのですから。子どもは、大人が考えている以上に理解力があるものです。お片づけをしなくてはならないことも、頭ではちゃんとわかっているはず。でも、気持ちの自己コントロール力がまだ未熟なので、自分で自分の気持ちを押さえられなくなってしまうことがあるのです。そんな時子どもは、信頼できる大人に向かって"ダダをこねる"という形で、もてあました気持ちを吐き出し、心の平静を取り戻そうとします。ですから、ここぞというグッドタイミングでダダこねができる子どものほうが、気持ちの切り替えも早いのです。これも、子どもが持つ自己成長力です。

「がんばりたい」というホンネのホンネ

「イヤだ！」という気持ちはホンネなのかもしれません。でも、その奥には、"ホンネのホンネ"とも言うべき気持ちが存在しています。それは、「ちゃんとやりたい」「お兄さん（お姉さん）らしく、かっこよく行動したい」という気持ちです。これは、どんな子どもも持っている自己成長欲求です。

4歳児クラスの女の子が、入園以来、泣いて登園をいやがります。根負けしたお母さんは、保育園をお休みさせることにしました。でも家で、原因不明のかんしゃくを起こすことが増え、「思い通りにさせているのに、いったい何が不満なの？」と、お母さんは困ってしまい、相談に訪れました。

「私から離れるのが、いやだったのかな？」とお母さんが言うと、女の子はヤダヤダと暴れはじめました。「ああ、やっぱりと」お母さん。でも私からすると、女の子は、「保育園でがんばれていないのが、くやしい！」と訴えているように感じられました。そこでそのことを

口に出してお母さんに伝えた瞬間、女の子は、悲しそうなメソメソ泣きになりました。まるで、「そうなんだよ」と言うかのようでした。これには、お母さんもびっくりです。

そこでお母さんに、子どもは大人が考えている以上に、しっかりチャレンジしたがっているものだということをお話しし、「登園を渋ったとしても、『泣きながらでいいから、がんばろうね』と引っ張っていってあげてね」とお伝えしました。

1週間ほどは、大暴れの女の子を連れて行くのは大変でしたが、その後は、元気に登園できることが増えてきました。家でのかんしゃくもすっかり影をひそめたのは、かっこよく保育園に行けるようになったからでしょうね。

現代の子育てには、子どもの意思を尊重して、できるかぎり子どものしたいことを邪魔してはいけないという風潮があり、また、そのようにできるのがよい親、よい保育士だと思われているふしがあります。でも、子どもが幸せに成長していくために必要なのは、子どもの言いなりになるやさしいだけの存在ではなく、どんな時も子どもより大きな存在でいてくれる大人です。

日常の選択権をすべて子どもにゆだねてそれに大人が従う、または振り回されているという形だと、子どもは安心できません。ここぞという場面では、きちんとNOを言い、大人が主導権を握ってあげることによってこそ伝わる愛情もあるのです。

"甘える" という力

甘えるという行為は、自立とは逆のイメージがあります。しかし、ここぞという時に甘えることができる子どものほうが、困難を乗り越えやすいのです。

最近、抱っこばかりをせがむようになってきた3歳の男の子。下に赤ちゃんができたので、お母さんを独占できなくなり、不安を抱えているのでしょう。不安な気持ちはわかりますが、一方で、お兄さんらしい気持ちも育てていく必要もあるのかもと思った保育士。そう思うと、抱っこしてあげたほうがいいのか、がまんさせたほうがいいのか、わからなくなってきました。

実は、子どもにとって不安の一番の解消法は、"甘える" ということです。信頼できる大人に甘えているうちに、心の中の不安がとけてくるのです。"甘え" という心の安全基地があるほうが、困難な状況を乗り越えやすく、お兄さんらしい気持ちも育ちやすくなってきます。これは、「**赤ちゃんのようにイイコイイコしてほしい**」という甘えです。

ただ、甘えには、もうひとつ、「**お兄さん（お姉さん）らしく、ちゃんと行動できるように、支えてほしい**」という甘えがありま

す。自己成長欲求を応援してほしいという甘えです。この甘えをかなえてあげるためには、いつも子どもの言う通りにしてあげればよいというものではありません。表面的なヤダヤダに振り回されることなく、「ちゃんとやりたい」という"ホンネのホンネ"に思いをはせて、しっかりと導いてあげる必要があります。行き過ぎた時は注意してくれ、危なかったり迷惑をかけたりした時は叱って止めてくれ、という大きな存在としての大人がそばにいてくれると、子どもは「支えてもらっている安心感」を持ちやすくなります。そのほうが、自立への足取りもしっかりしてくるのです。

いい意味での"依存"が、"自立"には不可欠です。"依存"を拒否した意固地な"自立"は、実は自立ではなく、単なる"孤立"にすぎないのです。

2）心の奥の"ホンネ"に気づいてほしい

実は、泣かずにがんばっていた

　相談室で出会う"気になる子"のほとんどが、泣き下手さん・ダダこね下手さん・甘え下手さんです。親や先生に気持ちを受け止めてもらえばいいのに、「ダイジョーブ！」とがまんして、一人でがんばって"孤立"してしまっています。その結果、ため込んだストレスのせいで、困った行動や気になる様子があらわれてくるのです。

　ある保育園で相談を受けた亮くん。とても元気な3歳児さんですが、友だちへの乱暴が止まりません。たとえば、おもちゃの取り合いで「貸す」「貸さない」となり、その末に手が出てしまうのならまだわかります。でも亮くんの場合は、使い終わって放置していたおもちゃを、気をきかせて片づけてくれようとした友だちに、急に体当たりしたり。ただ前を通りがかっただけの友だちを、いきなり蹴飛ばしたり。急にキレてしまうという感じなので、保育士も目が離せません。

　実は、亮くんの心の中は、友だちに対する緊張や不安でいっぱいだったのです。でも、心の中を見破られないように、無理して元気そうに振る舞っていたのです。ですから、ちょっとした友だちの行動に恐怖を感じ、身を守るために本能的に手が出てしまいました。本当はやさしくて、友だち思いな子なのにもかかわらず……。

　私は、そんな心のメカニズムを、担任の先生やお母さん・お父さんに説明しました。そして、今までとは違った見方で亮くんをながめてみること、泣きや甘えは極力受け止めてあげることなどをお願いしたのです。

　すると、しばらくして、亮くんの行動に変化が出てきました。「お友だちがこわい」と先生にまとわりつき、ベソをかくようになったのです。こうした変化は、「情緒不安定になってきた」と誤解されがちですが、実は、自然な"心のガス抜き"ができるようになってきたことを意味しています。大好きな人に受け止めてもらいながら、安心して泣いて、心にたまったストレスを吐き出せるようになったのです。そうなると、友だちに対して手が出ることはほとんどなくなり、数ヵ月経つと、友だちと仲よく遊ぶ姿が見られるようになってきました。

　一人ぼっちでがまんしないで、親や保育士に向かって、ホンネの気持ちが表現できるようになると、その子本来の輝きが復活してく

るのです。

見えにくい"心の奥"の気持ち

　まわりの人の気持ちも知らないで、困った行動を繰り返しているように見える子が、実は、心の中にたくさんの不安や緊張を抱えている……。このことは、なかなか信じられないと思います。私の相談室を訪れるお母さんたちも、もちろん最初はそうでした。

　そこで、子どもとこんなやりとりをして、お母さんに見てもらうことがあります。お母さんから離れて一人で平気な顔で遊んでいる子どもに近づき、ぐいっと体を引っ張りながら、「おじちゃんのお膝においでよ」と誘うのです。初対面のおじちゃんの強引な誘いに、子どもはびっくりするのが普通です。顔をこわばらせ、訴えるような目でお母さんを見つめたり。必死に手を伸ばし、泣きながらお母さんのところに逃げていったり。それは、当たり前のSOS行動なのですが……。

　ところが、行動が気になる子の多くは、不思議なことに、お母さんの方に逃げていこうとしないのです。お母さんの方を見たり、手を伸ばしたりもしません。むしろ目をそらし、お母さんがいるのとは反対の方向に逃げようとします。こんなピンチでも、お母さんに助けを求めず、一人でがんばろうとするの

です。

　どうしてそんな行動をとるのかというと、泣くことをがまんしたいからです。お母さんと目が合ったり、近づいたりすると、心のフタがゆるんで泣いてしまうので、お母さんを避けるのです。しかし、泣くべき時に泣かないでがまんすると、"泣きたい気持ち"がたまっていきます。あとになって、そのリバウンドが、原因不明のかんしゃくや聞き分けの悪さとしてあらわれるのです。

"むずかしい子"が変わっていく時

　ふつうだったら、泣いたり、ダダをこねたり、甘えたりするような場面で、無理にがまんしてしまう子ども。そんな子を見た時、まず思い浮かぶ理由は、「親の愛情が足りないから」とか、「親が十分甘えさせてあげなかったから」などということだと思います。たしかにそういうことが原因で、無理にがまんするようになってしまうケースはあるかもしれません。

　しかし、相談室を訪れる多くのお子さんは、お母さんに振り返ってもらうと、0歳のうちから"甘え下手""泣き下手"の兆候があったことがわかります。つまり、生まれつきのがまん傾向という場合があるのです。また、お子さんが2人いらっしゃるような家庭では、育て方を大きく変えたつもりはないにもかかわらず、最初は慣れず不安が強かったりして、知らず知らずのうちに育て方が違っていて、「上の子は"甘え下手""泣き下手"、下の子は"甘え上手""泣き上手"」というケースもめずらしくありません。

　でも、何よりも子ども自身が、たとえ無意識にせよ周囲の事情を感じ取って、「ぼくはぐずぐず泣いているわけにはいかない」「わたしががんばってママを助けなきゃ」と心に決めていることがよくあるのです。

　入園後、すぐにかんしゃくを起こして大騒ぎになったり、部屋を飛び出したりしてしまう3歳の子どもがいました。しかも、担任の先生にはなつかなくて、よそのクラスの先生にばかりくっついていきたがります。嫌われた？　と、担任の先生は自信喪失です。しかしお母さんの話によると、家では、担任の先生の写真ばかりながめているとのこと。「いったい、なぜ？」と、先生もお母さんも首をかしげるばかりだったのですが。

　実はこういうことは、"甘え下手"の子どもには起こりがちなことです。"甘え下手"の子は、とても感受性が強く繊細です。そのうえ、「"一番大好きな人"の足手まといだけにはなるまい」と思い込んでいるようなところがあります。ですから、"本命"だと思っている人、本当は一番甘えたい人をよけてしまうのです。その子の場合も、だんだんホン

ネの表現が上手になっていくにつれ、担任の先生に近づくようになっていきました。そして部屋からの飛び出しやかんしゃくも激減していったのです。

発達障害の子どもの場合
―― どの子にも共通する保育のポイント

いつも動き回っていて落ち着きがなかったり、急にキレてしまったりという"育てづらさ"は、発達障害の子どもにも見られる特徴です。ですから、こういう感じの"気になる子"を見ると、すぐに「発達障害に違いない」と決めつけてしまいがちです。ところが、これまで見てきたように、こういった"むずかしさ"は、"泣き下手・甘え下手"であれば、障害の有無にかかわらず起こりうることなのです。

発達障害の子どもの場合も、"泣き下手・甘え下手"になり、ストレスがたまってしまうと、多動・パニック・目が合わない・自傷行為・奇声……といった行動が出やすくなります。逆に言うと、発達障害の子どもでも"泣き上手・甘え上手"になっていけば、これらの"困った行動・気になる様子"が少なくなっていく可能性があるのです。

発達障害の有無にかかわらず、「甘え上手・泣き上手に導いていくことが、どの子にとっても、成長を促すことにつながる」と考えていけば、分け隔てのないダイナミックな保育が展開できるのではないでしょうか。

"いい子"の場合
―― 寄り添わなくていい子なんていません

"むずかしい子"でも発達障害でもない子、そんなに泣くわけではなく、ダダをこねるわけでもない、いつも落ち着いているように見える子どもがいます。そんなタイプの子の気持ちは、それほど配慮しなくてもいいのでしょうか？

実は"おりこうさん"タイプの中にも、本当はがまんをしていて、平気なふりをしているという子もいるのです。そういう子は、心の中にたくさんのストレスを抱え込んでしまっているはずです。抱え込んだストレスがやがてあふれてくると、ある時期を境に、急に"困ったちゃん"に大変身してしまうかもしれません。

すでに、「園では、がまんの"おりこうさん"。家に帰ったら、リバウンドで大暴れ」というパターンになってしまっているかもしれません。逆に「家ではがまんの"おりこうさん"。園に行ったら、リバウンドで大暴れ」という場合もあります。

しかし、がまんの"おりこうさん"が、ここぞというタイミングで、ちゃんと泣いたり、ダダをこねたり、甘えたりできるようになると、本当の落ち着きやいきいきとした子どもらしさが出てくるはずです。

2
子どものSOSと変化の兆しをつかむ

1)"泣き方"に注目！

2種類の"泣き下手"さん

　むずかしい子の多くは、"泣き下手"さんです。泣き下手さんには2種類あります。

　1つは"泣かない"泣き下手さん。転んだり、友だちに意地悪をされたりしても、あまり泣きません。泣いたとしても、お母さんや保育士のところに来ようとしないで、一人で泣いています。

　もう1つは、"泣きすぎ"の泣き下手さん。いったん泣き出すと、ギャーギャー泣きが延々と続きます。実は、ギャーギャーというすごい泣き声は、のどにぎゅっと力を入れ、泣くのを必死に止めようとしているからなのです。そのため、せき込んだり、吐いたりしてしまう場合もあります。顔を苦しそうにゆがめ、涙があまり出ません。怒ったように泣くのは、泣いてしまっている自分自身に対する嫌悪感のせいのようです。こんなふうに、泣くのをがまんしようとすると、なかなかストレスが吐き出せません。泣いても泣いてもすっきりしないので、結局はかなりの長泣きになってしまうのです。

**こんなタイプの子が
"泣き上手"さんになってくると……**

　うぇ〜んという元気な泣き声や、ふぇ〜んという甘えたような泣き声になります。また、力の抜けた間抜けな泣き顔をしっかりと大人の方に向け、涙をボロボロ流します。こういう泣き方ができる子は、ストレスの吐き出しが得意なので、泣きやむのもわりと早め。「今泣いたカラスが、もう笑った」というふうになっていきます。

　泣き方が変化してくると、困った行動や気になる様子も、少なくなっていくはずです。

2　子どものSOSと変化の兆しをつかむ

図　泣き下手さん

図　泣き上手さん

2）"甘え方"に注目！

身をゆだねられない"甘え下手"さん

抱っこをした時に密着感がないのも、むずかしい子の特徴です。これは、甘えてはいけないと遠慮して、体に力を入れ、身をまかせようとしないからです。ゴソゴソ動いて落ち着かなかったり、そり返ったり、すぐに立ち上がったりするのも同じ理由です。

また、特定の抱かれ方にこだわる子もいます。それはたいてい、抱き手と目が合いにくい形の抱っこです。"目は心の窓"なので、抱き手と目が合うような抱っこは、心のフタがゆるんで気持ちが出てきそうになります。ですから、オッパイをあげるような横抱きは、特にいやがるのです。

抱っこをせがむので応じてあげると、すぐに降りたがる場合があります。なので、もういいのかと思って下に降ろすと、またすぐに「抱っこ！ 抱っこ！」。これは、「甘えたい ⇔ でも甘えちゃいけない」という葛藤のあらわれです。

中には、「どこまでも限度なく、しつこく甘えてくる」という感じの"甘え下手"さんもいます。葛藤を抱えながら甘えると中途半端になり、いくら甘えてもスッキリしないので、まるで"ストーカー"のような甘え方になってしまうのです。

**こんなタイプの子が
"甘え上手"さんになってくると……**

体の力をゆるめて身をまかせてきたり、手を大人の体に回してきたりするので、大人も子どもとの間にピッタリとした一体感が感じられるようになります。

しばらく抱いてあげていると、ある程度のところで満足して、自分から離れていきます。「近づく ⇔ 離れる」のタイミングとリズムがかわいらしくなり、つきあいやすくなります。

添い寝をした時、離れようとしたり、背中を向けて寝ていた子どもが、しっかりと大人の方を向いて寝るようになります。大きい子どもの場合は、まとわりついてきたり、身を寄せてきたりと、近くにいたがることが増えてきます。

甘え方が変化してくると、かんしゃくが少なくなったり、行動全般に落ち着きが見られるようになってくるはずです。

図　甘え下手さん

図　甘え上手さん

3）"ダダのこね方"に注目！

着地できない"ダダこね下手"さん

　"ダダこね"は、子どもの成長にとって必要な行動です。たとえば「あのおもちゃを使いたい」とか、「先生に抱っこしてほしい」などという要求に応じられず、「ダメ」と言う大人に対して、「ヤダ！　ヤダ！」と言う子ども。そんなやりとりが続いたあと、ついに泣き出し、ヨシヨシされてやっと落ち着く。このように、「ダダをこねる→泣いてすがる→落ち着く」という経過がたどれる子には、着地点があります。

　ところが、"ダダこね下手"の子どもの場合は、このような自然な経過がたどれません。まず、自己主張の内容が、周囲の人が共感しにくいものが多いのではないでしょうか。たいした理由もないのに「○○ちゃんは意地悪！」と言って怒り出したり、「先生はお部屋から出て行って！」と無理難題を要求したり。

　実はこれは、ストレートな自己主張を遠慮してしまっている場合に多いのです。「あのおもちゃを使いたい」という時に、おもちゃを使っている子に八つ当たりしてしまいます。「先生に抱っこしてほしい」という時に、「そんな甘えは、許されるわけがない」とすねて、先生を追い出そうとするのです。ホンネの要求を素直に出したほうがわかりやすいのに、「自分の要求なんか、どうせ受け止めてもらえないはず」と思い込んでいるのです。

　また、自己主張を止められた時、"ダダこね下手"な子は、気持ちを大人に向かって表現しようとせず、怒りを空中にばらまくように暴れるので、なかなかすっきりしません。また、「泣いてすがって、甘えて落ち着く」という着地点に降りようとしません。その結果、いったんヘソを曲げてしまうと、長時間、暴れ続けることになってしまうのです。

こんなタイプの子が
"ダダこね上手"さんになってくると……

　いやな気持ちをため込まず、その時その時でちゃんと表現し、心のガス抜きができるようになってきます。そうなると、「ああ、これがいやなんだ」と、周囲の人に理由がわかりやすくなります。また、ため込まないぶん、小さなダダこねですむので、落ち着くのが早くなります。叱られたあと、「うぇ〜ん、ごめんなさい」と泣いて、大人になぐさめを求めてくることができるようになると、周囲の人も受け止めやすくなります。

図　ダダこね下手さん

図　ダダこね上手さん

Part II

子どもの心が見えると保育が変わる

エピソードでたどる"元気"までのプロセス

1
安心して自分を出せる保育士と子どもの関係づくり

子どもの心が見えると保育のしかたも見えてくる

　私（渡辺）が保育士10年目、3歳児クラス16名を1人で担任していたころのことです。当時の私は、多動や乱暴等の問題行動を次々に起こす子どもたちに、どう対応すべきかの手だても見つからず、日々の保育をどう乗り切ればよいか？　本当にヘトヘトに疲れきっていました。

　発達が気になる子が、クラスに何人もいて、その子たちが障害児かを見極めようとすることに気持ちがとらわれていたこともありました。発達が気になるのだから、なおさら怒らないように接しなければ、できるだけその子の思いをわかってあげなくてはと、がんばればがんばるほど、子どもたちは落ち着かず、日々の生活は荒れるのでした。正直言って、集団行動が増える運動会等の大きな行事を迎える時には、いっそう不安は大きくなるのでした。

　ところが、本書のPartⅠに書かれているような「子どもの心の中で起きていること」を学ぶ機会があり、そのことによって、私の保育観は大きな転機を迎えることになりました。障害がある、障害がないにかかわらず、「その子どもの心が見えてくると、保育の展開のしかたが少しずつ見えてきた」のです。

　そのことで、私自身がとても楽になったし、何よりも、どんな行動をとる子どもに対しても、心からかわいいと思えるようになりました。そして、子どもと一緒に自分も育っていくように感じて、保育の仕事が楽しくなっていきました。

保育の中の"泣き下手さん"と"泣き上手さん"

　私の目を開いてくれた"子どもの心の見方"とはなんだったのか。PartIに書かれていることを保育士の視点からまとめてみることで、再現してみたいと思います。

　まず、私たち保育士はだれしも、次のようなことを大切に心がけていると思います。

① 子どもが保育士との信頼関係を育み、保育園で安心して過ごせるように配慮する。
② 子どもの行動を整えて自律心を育て、自分の思いを押し出すことと相手の思いを受け入れることを自在にできるようにする。
③ 子どもが仲間との交流と遊びを楽しみ、自分らしくいきいきと今を生きる手伝いをする。

　ところが、こうしたことがうまく実現するためには、必要な時に大人の助けを求めることができる訴え上手・甘え上手な子になっていることが不可欠です。そして、ぜひ心にとめておきたいことは、訴え上手・甘え上手の原点は"泣き上手"だということです。それというのも、いろんな事情から子どもが泣き下手になると、以下のような状況になってしまうからです。

エッセンス

① 人にホンネの気持ちを伝え、必要な時に助けを求めることに、歯止めがかかる。そのため、自分でなんとかしようとしてもうまくいかずに困ってしまう。同時に、感情ストレスがたまり、解放・発散を求めて苦しくなる。

② 困った気持ち・苦しい気持ちをまぎらわすかのように、乱暴したり、聞き分けがなくなったり、一人孤立したり……と、心にもない振る舞いをしなければならなくなる。

③ もともと子どもは、自尊心・向上心があり、親思いで人にやさしく、かしこくて物わかりがよく、前向きに生きていこうとしている人たちなのに、分からず屋だとか、わがままだとか誤解されてしまう。

そしてその結果、保育士との関係や、自律心や、仲間との交流と遊びにも、好ましくない影響が及ぶのです。そこで、子どもに気がかりな様子があらわれた時、保育士には次のような出番が求められると思います。

エッセンス

一人ひとりの葛藤に寄り添い、がんばりたい気持ちを応援する
子どもとの関係づくりで大切にしたい5つの保育のエッセンス

❶ 葛藤する気持ちを理解し共感する
　表面にあらわれた否定的な様子・行動だけについとらわれがちですが、実はつねに前向きの気持ちを秘めているのが子どもなのだ、ということを思い出して、その子どものホンネの願い・欲求はなんなのだろうかということに思いをはせます。そして、そのホンネの気持ちと、心にもない振る舞いをせざるをえない気持ちとの間で葛藤していることに共感します。時には、ただ共感してもらうだけで元気を取り戻します。

❷ 泣き上手を育てる
　子どもの泣きを許容し、泣いたらやさしくなだめます。楽しく遊んだり、体を使ってじゃれあうことで感情解放を助けることもできます。甘え下手・泣き下手になっている時は、「元気に泣いてすっきり落ち着く」泣き上手になるお手伝いをします。

❸ 安心の絆を結ぶ
　保育士に「大嫌い」と言ったり、これ見よがしに避けたり、一人孤立していたりして、安心基地としての絆を結ぶことのできない時は、絆が深まるようにこちらから働きかけます。でも実際のところは、あらゆる場面で子どもの心を大切にしたかかわりがすべて、安心の絆を深めるのに役立ちます。

❹ 行動を整える
　でたらめな行動に走って、自分ではどうにもならなくなっている時は、なぜかそうせざるをえなくなっている気持ちに共感しながらも、"行動を整える力（自律心）"が発揮できるよ

うに、必要な時は手を添えて導きます。行動を整えるのを手伝うことで、泣き上手を取り戻すこともあります。

❺ 自分（たち）で解決できるように寄り添う

子どもへの寄り添い方は、手を差し伸べる場合と、子どもの行動に信頼を置きながら見守る場合がありますが、どちらも最終的には、子どもが自分の力でできたり、仲間の中でやり遂げることができたという達成感が持てることを大切にしていきます。自分に自信が持てるようになると、相手に対しても安心感を持ちやすくなります。

こうした保育士の役割や、子ども本来の姿について、すぐには納得できない人もいるかもしれません。最初のうちは、そういうものかと頭で理解してつきあっていくと、そう振る舞わざるをえない気持ちの動きが自然に見て取れるようになります。

そうなるともう、暴れん坊も、泣き虫になっている子も、保育士をすり抜けるようにして避ける子も、どの子もみな、なんとか一人でがんばろうと必死になっているんだと心から思えて、その姿が丸ごといじらしく、ほほえましく、かわいらしくなってきます。保育士がそんな思いでかかわると、以心伝心ですぐさま子どもに伝わりますから、「わかってもらえている」という安心感が生まれ、わかってくれた相手への信頼を高めます。子どもが元気を取り戻すのを助ける力となるのは、この保育士の理解と共感です。具体的な手だての工夫はそこから生まれます。

この節では、ここであげた5つのエッセンスにおおむね沿って、保育の現場で子どもの問題行動に出会ったり、大変な状況に悩んだりした時に、子どもの見方が変わるとこんなかかわり方もできるというエピソードを集めてみました。エピソードは、筆者（渡辺）自身の実践のほか、これまで共に保育してきた同僚の保育からも取り出しています。日頃、保育現場でがんばっている保育士のみなさんが、このエピソードを読むことで、目の前でかかわっている子どもたちへの新たな気づきや発見、自分自身の持つ力を引き出し、保育が楽しくなるきっかけにしていただければと思います。

エッセンス

> エピソード ①
> # トイレトレーニングが進まないりょうちゃんの気持ち

トイレトレーニングがストレスに？

　毎朝、笑顔で登園してきていた2歳のりょうちゃん。ここ1週間ぐらい、ママと離れる時に泣くようになりました。それに日中も、固い表情で過ごすことが増えています。気持ちが不安定になり、ちょっとしたことでメソメソ。食欲もありません。

　「いったい、何が原因かな？」と考えた保育士は、トイレトレーニングのことが思い浮かびました。ちょうど1週間前に、トイレトレーニングをはじめたからです。

　保育園でのトイレトレーニングでは、トイレでおしっこをすることを誘っていきますが、ひどくいやがったり、おむつに頻繁に出るような場合は、膀胱におしっこがもう少しためられるようになるのを待ったりします。りょうちゃんに対しても、本人の気持ちの安定を大切にしながら、誘いかけのタイミングを見計らって進めてきたつもりなのですが……。

　そういえば、トイレに誘おうとすると、表情が固くなるようです。「こんなに気持ちが不安定になっているのでは、トイレトレーニングにはまだ早いかな」と思った保育士は、無理をせずに、いったん延期することにしました。

葛藤する心

　トイレトレーニングの延期によって、心の安定を取り戻すのではと思われたりょうちゃんでしたが、固い表情やメソメソは相変わらずです。それどころか、ちょっとしたことで、かんしゃくを起こすようにもなってきました。あれ、あれ？　いったい、

なぜ？

　そこで保育士は、ふだんのりょうちゃんの様子を、ていねいに見つめ直してみることにしました。砂場での泥だんご作り。うまくいかなくても、すぐにあきらめてしまうことなく、上手にできるまで黙々とチャレンジを繰り返しています。そんな様子をながめていたら、ふと、「がんばり屋のりょうちゃんだから、ひょっとして、トイレトレーニングもがんばりたかったのかも」と感じました。

　他の友だちがトイレに行っている時、りょうちゃんに、「本当はトイレでおしっこ、がんばりたかったんだよね」と話しかけると、にっこりと笑顔。あんまりかわいかったので、保育士は「そうかあ！」と言いながら、思わずギュッと抱きしめてしまいました。

　りょうちゃんが、「保育園のトイレは、こわいよう」という不安や、「うまくできな

エピソード

かったらどうしよう」という心配を抱えていたのは事実です。でもその一方で「ぼくも紙おむつとサヨナラしたいよ」「お兄ちゃんになりたい」という気持ちがあることもわかりました。

2つの気持ちにつきあいながら

「こわいよう」「自信がないよう」という気持ちと、「がんばりたい」という気持ち。どちらの気持ちも大事に受け止めてあげたいと思い、「お兄ちゃんみたいにがんばりたいんだよね。だから、こわいこわい！ ヤダヤダ！ しながらでいいからがんばろうね」と声をかけました。するとほっとしたように、手をつないでトイレに向かうりょうちゃん。どちらの気持ちもわかってもらえて安心したりょうちゃんは、トイレで見事におしっこをすることができました。保育士は子どもの中にある"やる気"を信じてかかわって、よかったなあ！ と思いました。

「がんばれ！ がんばれ！」だけでは緊張するし、「不安ならやめようね」でも満足できなかったのです。不安な気持ちを聞いてあげながら、がんばりを応援すればいいのですね。

まだ2歳のりょうちゃんですが、切実な2つの思いに葛藤するという力があることに保育士は感動しました。

子どもの葛藤に共感する

保育士は、どうすればトイレでおしっこができるようになるか、ということだけにとらわれず、子どもの葛藤するどちらの気持ちも大事に受け止めています。トイレトレーニングにかぎらず、1つの課題に向かう子どもの心の中の葛藤をわかってあげるだけで、子どもは安心して、自らが持っている力を発揮し前に進みやすくなるようです。そのことは、おしっこができたという喜びだけでなく、保育士との信頼関係をますます深めることにもなったのです。

> エピソード ②
> # 麻実ちゃんが泣き虫さんを卒業できたのは？

なんで泣くの？

　1歳の麻実ちゃんは、たわいもないことで、すぐにそっくり返って怒ります。そうなると、いくら保育士がなだめても止まりません。泣き騒ぐ麻実ちゃんを、根気よく保育士が抱っこしてつきあっているうちに、最近はずいぶん落ち着いてきて、そのかわり、エンエンとかわいく泣くことが増えてきました。緊張や不安を、泣くことによって吐き出せるようになってきたのでしょう。

　ただひとつ、不思議なことがありました。麻実ちゃんが泣くのは、いつも石田先生が相手をしている時で、森田先生といる時には、泣かずに過ごせているのです。「私のことが嫌いなのかな？」と、石田先生は心配になりました。

2人の先生のキャラ

　でも、麻実ちゃんの行動をよく見ていると、状況に応じて、自分から石田先生のところに行ったり、森田先生のところに行ったりしています。まるで、場面によって、先生を選び分けているみたいです。考えてみれば、2人の先生は正反対のタイプです。石田先生はやさしい性格で、子どもをヨシヨシするのが得意、森田先生はしっかり者で、子どもを励ましチャレンジさせるのが得意です。麻実ちゃんはまだ1歳なのに、ちゃんと先生のタイプを知っているのですね。

　そのことに気づいてからの石田先生は、麻実ちゃんが泣き出した時もあわてなくなりました。「泣きたくなっちゃったんだね」と声をかけながら、しばらく抱っこして

あげていると、そのうち麻実ちゃんは自然に泣きやみます。泣いてすっきりした麻実ちゃんは、にっこり笑顔で、森田先生のところで遊びはじめるのです。2人の先生が、「私たち、それぞれ違うタイプだけど、それでいいんだね」と話をしていたら、麻実ちゃんが2人の先生に1つずつ、"ごちそう"を運んできてくれました。まるで「私のこと、わかってくれて、応援してくれてありがとう」と言うかのようでした。

泣き虫さんを卒業！

しばらくして石田先生は、麻実ちゃんの行動の変化に気づきました。今までのように、「泣きたいね。泣いていいよ」とつきあってあげても、麻実ちゃんはなんだかすっきりしないのです。「今度こそ、本当に、私を嫌っているみたい」と、石田先生はまた悩みはじめました。

そんなある日、おむつがはずせた麻実ちゃんを、「すごいね、お姉さんだね」と石田先生が思わずほめたのです。するとその日から、石田先生のところに行っても、なぜか泣かなくなりました。それだけではなく、だれのところでも泣くことが少なくな

り、得意そうな顔でいることが多くなったのです。どうやら、泣きたい気持ちにいっぱいつきあってもらった麻実ちゃんは、心の中で、「泣かないで、かっこいいお姉さんらしくがんばりたい」という気持ちが大きくなってきたようです。そのタイミングで、石田先生に「お姉さんだね」とほめてもらった時、石田先生も応援もしてくれるのだとわかり、うれしくなったのでしょうね。

私たち保育士は、子どもに寄り添う役のようですが、実は子どもに寄り添ってもらうこともあるようです。麻実ちゃんのおかげで、保育士と子どもの育ち合う関係を大事に保育していこうと、改めて気づかされました。

エピソード

タイプの異なる保育士がいる強みを生かして
　これも、保育士が子どもの葛藤する気持ちの双方に共感した例ですが、1人の保育士が泣きたい気持ちに、もう1人の保育士が泣かずにがんばる気持ちに共感している、というのがおもしろいところです。しかも、保育士のほうから打ち合わせてそれぞれの気持ちを分担し合ったというよりは、まだ1歳の麻実ちゃんが2人の保育士を"利用"し分けているところがすごいですね。子どもの目には、保育士の個性の違いは明らかなのでしょう。大人ががんばって自分の傾向を変えなくちゃ、などとふんばる必要はないのかもしれません。それぞれの個性でかかわれば、子どもがちゃんと使い分けてくれるのですから。
　実は最初、石田保育士は、自分のところで泣くことで、「私のかかわり方はダメなんだ」と自分を責めていたそうです。ところが、子どもの姿を見て、どちらのキャラも認めてくれていることがわかると、自分自身が救われた思いがしたと話していました。そして、そればかりでなく、そのことによって、自分と反対のキャラの保育士に対しても、反発ではなく、深い信頼感がわいてきたというのです。子どもも大人も、認めること、認められることで、全体のつながりが深まり、互いに成長し合っていくのですね。

エピソード③
哺乳瓶で飲めないあっちゃんを応援する

哺乳瓶に慣れさせなくてはだめですか？
　育児休暇があけて仕事に復帰するため、お子さんが1歳の誕生日を迎える少し前あたりで、保育園への入園希望をされる方がたくさんいらっしゃいます。そういう方からよく質問を受けるのは、「母乳で育てているのですが、断乳して、哺乳瓶に慣れさせてから入園しないとだめですか？」ということです。たしかに、哺乳瓶に慣れているお子さんのほうが、手間はとられないのですが。
　でも、まだ1歳という時期に無理に断乳するのではなく、家では、授乳を通しての親子の時間を大切に過ごしてもらいたいと思います。なので、「無理に断乳して哺乳瓶に慣らして来なくても、大丈夫ですよ」とおこたえしています。はじめは泣いて哺乳瓶でミルクを飲むのをいやがる子も、保育園生活に慣れるにしたがって、だんだん飲めるようになっていくからです。

お母さんのオッパイがいいよ。でも……
　もうすぐ1歳のあっちゃんは、哺乳瓶を見るだけで「ギャーギャー」大泣きで、ミルクを飲むどころではありません。初日だけでなく、「ギャーギャー」泣きは数日間続き、ますますひどくなる様子です。保育士は「お腹をすかせてかわいそう」「脱水状態になったら大変」と、スプーンを使ったり、なんとか飲ませようといろいろな方法を考えて必死でした。
　その日も、ミルクを飲ませようと横抱きにすると、ギャーギャーと大声をあげ、ま

るで何かに怒っているような泣き方でした。「そうだよね。お母さんのオッパイがいいよね」「ミルクじゃいやだよね」と保育士が声をかけると、その言葉に反応するかのように、あっちゃんの泣き声が大きくなります。そんなあっちゃんの姿を見ていたら、ミルクを飲ませようとあせるより、「お母さんがいいのに」という気持ちをしっかりと受け止めてあげたくなりました。そこで、あっちゃんの気持ちを感じながら、しばらく抱っこして、「ヨシヨシ」と泣くのにつきあいました。

　しばらくして少し落ち着いたので、哺乳瓶を口元に持っていきましたが、やっぱりまた泣き出し、飲むことはできません。しかし、あっちゃんの顔を見ていたら、「本当は飲みたいのにね」と思いました。そこで保育士は、あっちゃんに、「ミルク、本当は飲みたいんだよね」「お母さんも仕事がんばって行くんだから、あっちゃんもミ

エピソード

ルク、ちゃんと飲んで、お母さんに心配かけないで応援したいんだね」と声をかけました。

　すると、あっちゃんは急に目を見開き、保育士の顔を見ました。そして哺乳瓶を、自分の手で引き寄せたのです。思わず、「えらい！　ちゃんと飲もうと思っているんだね」と言うと、あっちゃんは哺乳瓶に吸いつき、ごくごくと飲みはじめたのです。保育士が何度も「えらかった」とほめると、あっちゃんの顔はちょっと誇らしげな感じに変わりました。

あっちゃん、ありがとう

エピソード

　その後もまた、ミルクを飲む時に泣くことはありました。でも、あっちゃんが泣くのは気持ちを表現しているのだから、言い分を聞いてあげればいいし、赤ちゃんでもちゃんと話がわかっていると確信できたので、保育士も安心した気持ちでミルクの時間を迎えるようになりました。その後のあっちゃんは、それまであんなに泣いていやがったのが嘘のように、ミルクを飲むようになりました。

　お母さんにそのことを伝えると、お母さんはあっちゃんに、「仕事のために母乳をがまんさせてかわいそう、ごめんねって思っていたけど。あっちゃん、ありがとうね」と言いました。するとあっちゃんは、得意そうな、うれしそうな顔をしていました。それからのお母さんは、「家に帰ってからの母乳の時間が、いっそう大事に思えるようになった」とのことです。

　その日から、「私の気持ちをわかってくれてありがとう」と言わんばかりに、保育士に抱っこを要求してくるようになりました。母乳ではないけれど、あっちゃんと保育士は、哺乳瓶を通して気持ちがつながった感じです。保育士にとっても、ミルクをあげる時間は、心が温かくなる時間になりました。

　赤ちゃんにだって、お兄ちゃん・お姉ちゃんになりたいという気持ちがあるのですね。もうすぐ1歳のあっちゃんの心の中にも、「お母さんのオッパイがいい」という

気持ちだけではなく、「(お母さん思いから)ちゃんとミルクを飲みたい」という気持ちもあったのです。赤ちゃんでも話がわかり、けっして無力ではないということを実感すると、保育士は涙が出そうになりました。

> **赤ちゃんも"お母さんを応援したい気持ち"を持っている**
>
> あっちゃんは哺乳瓶を見るだけで大泣きになるほどの、まぎれもない泣き上手です。そんな時、「お母さんのオッパイがいいね」と気持ちに共感してあげるだけでいい子もいるでしょう。しかし、あっちゃんは大泣きがますますひどくなり、その姿にも大事に寄り添っているうちに保育士は、泣いて訴えようとしている気持ちは、「お母さんのオッパイがいい」だけでなく、「本当は仕事に行くお母さんのためにちゃんとミルクを飲めるようになりたい」でもあるのかも、と感じました。それが正解だったことは、その葛藤する気持ちを代弁した時のあっちゃんの表情から明らかでした。本心がわかった時、うれしかったのは子どもだけでなく、保育士も母親も子どもに心から敬意を表したくなるような感動を味わうことができました。その感動が、結果的に、母親支援にもつながっていったのです。
>
> 赤ちゃんでも話がわかるとは、すぐには信じられないかもしれません。でも「もしかしたらわかるかも」と信じて語りかけると、きっと思いがけない関係が広がることでしょう。フランスの著名な心理学者、フランソワーズ・ドルトも、「子どもが生まれたらさっそく話しかけることができるし、その必要があります。子どもにかかわりのあることは、言葉にしてやることで人間らしい事柄になり、母と子の関係に組み込まれるのです」という意味のことを『赤ちゃんこそがお母さんを作る』(村上光彦訳、みすず書房)で書き、赤ちゃんにとって切実なことを周囲の大人がきちんと言葉で伝えることの大切さを強調しています。

エピソード

エピソード④
かんしゃく持ちの翔ちゃんの変化

原因不明のかんしゃく

　ママが育児休暇あけで仕事に出ることになり、1歳のお誕生日を迎える前に入園した翔ちゃん。ママから離れての生活ははじめてですが、泣かずにバイバイをすることができました。そのままおとなしく遊んでいるので、新しい環境に慣れるのは早そうに思われました。

　泣くこともなく、すんなりお母さんと別れて登園する日が続き、保育士もひと安心かと思われた矢先、友だちにおもちゃを取られたことをきっかけに、翔ちゃんは大騒ぎしはじめました。保育士はなだめようとして、他のおもちゃを渡しましたが、それでは気に入らないのか、翔ちゃんはさらに大暴れ。気に入りそうなおもちゃを次々に用意するのですが、暴れはなかなかおさまりません。

　「おもちゃのせいだけで暴れているのではないのかな？」。よくわからないながら保育士は、暴れる翔ちゃんを抱きしめ、「暴れたくなっちゃったね」と声をかけ続けていると、やがて翔ちゃんはギャーギャー泣き出しました。しばらく泣いたあとは、また落ち着いて、おとなしく遊びはじめる翔ちゃん。

　ちょっとしたきっかけで、原因不明のかんしゃくが爆発し、泣くだけ泣いたら、けろっと落ち着く。こんな感じの様子が何日も続きました。

翔ちゃんのホンネの気持ち

　3ヵ月ほど経ったある日のこと、いつものようにママと元気に登園してきた翔ちゃ

ん。笑顔でバイバイをしたのですが、ママが車に乗ったのを確かめた瞬間、突然、保育士に抱きついてきて泣きはじめたのです。まるで、せき止められていた思いが、次々にあふれてくるようでした。

　抱き止めている保育士は、ハッとしました。それまで、バラバラにとらえていた翔ちゃんの姿が、一つにつながったのです。「翔ちゃんは、本当はママと離れるのが、とてもさびしかったんだ」と感じました。でも、たとえママとのバイバイがさびしくても、不安でも、「ママの前で泣いたら、ママが心配しちゃう」と思い、無理に泣かずにがんばっていたのでしょう。だから、ママが去ったのを確かめてから、「ママがいい〜」と泣き出したのだと感じた時、保育士は思わず、泣いている翔ちゃんを、「さびしかったね」「ママに心配をかけたくなかったんだね」「えらかった。えらかった」と心から抱きしめました。こんなに小さくても、ママを思ってがんばろうとしているのです。なんて、けなげなのでしょう。

　わけがわからなかったかんしゃくのわけが、とても、わかったような気がしました。本当は、ママと離れるのがさびしかっただけなのだと。

泣き出し上手

　その日を境に、翔ちゃんの行動に小さな変化があらわれてきました。かんしゃくを起こすのではなく、保育士のところで泣くことが増えてきたのです。

　泣き方にも違いが出てきました。せき込みながら、のどに力を入れるようにギャーギャー泣いていたのが、エーンエーンとかわいく、涙をポロポロ流して泣くようになってきたのです。保育士に「本当はさびしかった」というホンネの気持ちをわかってもらって、ほっとしたのでしょうか。保育士のところで、安心して泣けるようになったのです。

　そして、そんなある日のこと。朝、いつものように、落ち着いてママと一緒に登園した翔ちゃんでしたが、ママが「バイバイ」と言った瞬間、「ママ〜」と泣き出した

のです。ママはちょっとびっくりでしたが、あらかじめ、「泣けることは、悪いことではないですよ」とお伝えしてあったので、「泣きたくなっちゃったね。バイバイさびしいもんね」としっかり受け止めてくれました。そして、ママが車に乗るころには、翔ちゃんはけろっと泣きやみ、飛び跳ねてうれしそうに遊びはじめました。

　とうとう、本当に泣きたい相手に、本当に泣きたい場面で泣くことができたのです。がまんせずに、泣きたいところで泣けると、かえって泣きが長引かず、落ち着くのが早くなったのも、驚きでした。その後、ますます泣き上手になった翔ちゃんは、かんしゃくが激減し、何か困ったことがあると、エーンエーンと泣けるようになり、表情もいきいきしていきました。

エピソード

泣き上手になると心が通い合う

　翔ちゃんが原因不明のかんしゃくを起こした時、保育士はただただ、暴れたい気持ちを抱きしめることしかできませんでしたが、そのことが結果的に泣きを誘うことにつながりました。翔ちゃんは、心にもない暴れにもしっかりつきあってもらったことで、張りつめた気持ちがゆるみ、次第にかんしゃくより、泣いて発散するようになっていったのです。

　そのやりとりが続くうちに、翔ちゃんは泣き上手になっていき、状況との関連がわかりやすい泣き方になり、泣き方そのものも保育士に訴えるような泣き方に変わりました。そうなると保育士は、「ママと離れるのがさびしい」「でも、ママに心配をかけたくない」と葛藤するけなげな気持ちに気づくことができました。気持ちをわかってもらった翔ちゃんは、ますます泣き上手・甘え上手になります。

　泣き上手・甘え上手になることは、心を通い合わせていけるようになるということ。保育士にとっても、子どもにとっても、うれしいことなのですね。

> エピソード⑤
> # 反抗的な和くんのホンネ

好きな先生、嫌いな先生

　和くんがいる3歳児クラスには、ゆみ先生、みき先生、良子先生という3人の保育士がいます。和くんは日頃から反抗的で、「大嫌い！」「あっちへ行け！」などと、唐突に怒り出したりすることもしばしばです。

　特にひどいのは、「ゆみ先生は好きだけど、みき先生は大っ嫌い！」と、保育士を比較するような言い方。毎日のように、「みき先生、大嫌い！」「みき先生、あっち行け！」と言われ続けると、さすがに、みき先生も嫌気がさしてきます。それでも保育士なのだからと、グッとこらえていました。

　そんなある日のことです。その日のおやつは、和くんが大好きなお芋でしたが、和くんは外遊びからなかなか帰ってきません。そこでみき先生は、和くんが喜ぶだろうと思い、園庭まで行って「和くん、お芋食べよう」と声をかけました。

　ところが、そんな時も、「芋なんか、大嫌い！」「食べない！」と反抗的な和くん。さすがのみき先生も、「だったら食べなくていいから！」と怒って、部屋に戻ってしまいました。

　和くんは、一人園庭に取り残されても、がんこに知らんぷりを続けています。ふつうだったら、多少のダダこねはしても、「もう知らない！」と大人から言われたら、泣きながら従うものでしょう。しかし和くんは、ダダこね終了のタイミングをつかむのが苦手で、引くに引けなくなり、いつまでも意地を張り続けてしまい、自分でも困っているようです。

エピソード

心のガス抜きを手伝う
　ことの経過を見ていた良子先生は、日頃からの和くんのみき先生への態度を知っていたので、みき先生が怒るのも無理はないと思いました。でもその一方で、和くんも困っているだろうなと思いました。そこで園庭に行き、和くんをなだめながら、一緒にクラスに戻りました。
　みんなは、和くんの大好きなお芋を食べていました。良子先生が、「和くん、お芋食べよう」と誘うと、やっぱり和くんは「食べない」と怒っています。「本当は、食べたいくせに」と思いながら、良子先生は、和くんの横腹を軽く突っつきました。「何するんだ！　さわるな！」と怒る和くん。もう一度突っつくと、ますます怒って「やめろよ！」と言います。何度か繰り返していると、「大嫌い！　向こう行け！」と声を荒げました。「ほんとは食べたいくせに」と、良子先生は意地っ張りな和くんがとてもかわいくなり、「あらあら、和くんが大嫌いでも、先生は和くんがだーい好き！」と言いながら、また突っつきました。それでも、「大嫌い！」と反抗し続ける和くんでしたが……。
　しばらくそんなやりとりを繰り返しているうちに、少しずつ、和くんの表情がやわらかくなってきました。そして、ついに、「和くんがだーい好き！　ほんとはお芋も好きだよね？」という良子先生の言葉に、和くんは思わず「うん」と返事をしてしまいました。さらに、「和くんがだーい好き！　ほんとはみき先生も好きだよね？」と言うと、「うーん」と思わずホンネをもらした和くん。これには和くん自身もあわてて、「好きじゃない！　嫌いだ！」と言い直しましたが、とてもうれしそうな表情でした。

「嫌い」は「好き」の裏返し
　ほっとした表情で、お芋を食べる和くん。大好きなお芋が食べられたうれしさだけ

ではなく、「好き」とホンネが表現できた安心感もあったのではないでしょうか。
　その日の夕方、良子先生は、たまたま和くんと２人きりになれたので、「お芋食べられてよかったね。本当はお芋大好きだもんね」と声をかけました。「うん」と笑顔の和くんに、小声で「本当は、みき先生とうまくやっていきたいんだよね」と言うと、深くうなずきました。そして、わかってくれてありがとうと言うかのように、おままごとのごちそうを運んできてくれたのです。それはそれはかわいらしい姿でした。子どもたちって、よくこんなふうにして、感謝や好意を表現してくれますよね。
　和くんはふだん、あまり甘えてくることがありません。甘え下手の子どもの中には、本当は大好きで、仲よくなりたいと思っている先生に対して、逆に「大嫌い」と言ってしまう子が多いのではないでしょうか。良子先生は、そんな発見を、こっそりみき先生に伝えました。
　最初は、半信半疑のみき先生でしたが、だんだん和くんのホンネがわかってきました。そうなると、「大っ嫌い」と言われても余裕で、「そんなこと言わないでよ。私は和くんが好きよ」とさりげなく言い返すようになりました。少しずつですが、和くんもむきになって反抗をしなくなっていきました。

ホンネが見えると余裕が生まれる
　子どもはいろいろな事情から、素直に甘えられなくなることがあります。「大好き」を「大っ嫌い」と言ってみたり、「そばにいて」を「あっち行け」と言ってみたりと、意地を張って裏返しの言葉を連発しているうちに、引っ込みがつかなくなってしまったのでしょう。
　突っつき遊びでは、保育士は、「そんなこと言っていても、本当は和くんがやさしいことはわかっているからね」という思いをこめて、和くんを突っついています。なので、途中で、ますます怒っていたとしても、保育士は、それを裏返しに受け取っていたので、余裕がありました。どんな方法でかかわったとしても、大事なのはこちらの心のあり方なのですね。子どもはみんな、もともとやさしいということを思い出せばよいのです。

> エピソード⑥
> # 新しい担任から逃げるけんたくん

前担任への"思い"に共感

　4月は、新しい部屋に移ったり、友だちの顔ぶれが変わったりと、環境の変化の時期。特に、担任保育士の交代は、子どもたちに不安を与えます。

　慣れ親しんだ先生が辞めてしまったり、他の園に行ってしまうのは悲しいもの。でも、同じ園にはいても、他のクラスの担当になってしまうのも、顔がちらちら見えるだけに、あきらめきれない気持ちを引きずりやすいかもしれません。

　前担任のあと追いをしたり、そっちのクラスに行こうとする子どももいるでしょう。そんな時、新担任は、「○○先生がいいよね」と子どもの気持ちに共感してあげたり、可能なら「○○先生のところへ行ってもいいよ」と声をかけてあげたり。少し様子を見てあげていると、だんだんに気持ちが吹っ切れ、新担任のところで過ごすことが増えていくものです。

　しかし中には、そういう接し方では、なかなかうまくいかない場合もあります。

追いかけじゃれあい遊び

　3歳のけんたくんは、新学期の初日、「白井先生がいい！」と前担任の名前を連呼しながら号泣でした。そこで、気持ちが切り替わるまで、白井先生がいる部屋で過ごしてもいいことにしたのですが……。

　2週間経っても、落ち着きのなさや、妙なぐずりが続いているけんたくん。白井先生の部屋へ行く時も、新担任の清水先生の顔をちらちら見て、変な顔をしながら出か

けていきます。白井先生のところへ行っても浮かない顔のけんたくん。清水先生は、「遠慮しているのかな。私に気をつかっているのかな」と思いましたが……。

どうやら、けんたくんの心の中には、反対の2つの気持ちがあるようでした。1つは、「白井先生と一緒にいたい」という気持ち。でも、もう1つ、「早く清水先生と仲よくなりたい」という気持ちもあるようです。

そう感じた清水先生は、部屋から出て行こうとするけんたくんを、「まって〜〜！行かないで〜〜！」と言いながら追いかけてみたのです。すると、けんたくんはいったんは逃げましたが、しばらくするとまた戻ってきました。そして、清水先生の方をうかがっています。どうやら、また追いかけてもらいたそう。「まて、まて〜」と清水先生が再度追いかけると、うれしそうな顔です。何度か繰り返すうちに、逃げることよりも、つかまって抱っこされることがうれしい感じになりました。抱っこから、さらにじゃれあい遊びへ。こんなやりとりで盛り上がったあと、けんたくんは、清水先生と仲よくなっていきました。

エピソード

エピソード

ぼく、逃げちゃうよ

　前担任のところへ行きたがる子どもを見た時、保育士が自分に自信がないと、「私の接し方が悪いから、なついてくれないのかな」と落ち込んでしまうことがありそうです。でも、自信がないのは、子どものほうも同じかもしれません。そんな時子どもは、「先生は、ボクのこと、本当に好きかな？」と確かめたくなってしまうのですね。

　『ぼく にげちゃうよ』（マーガレット・ワイズ・ブラウン 作、クレメント・ハード 絵、岩田みみ 訳、ほるぷ出版）という絵本があります。子うさぎと母さんうさぎのお話です。「ぼく、逃げちゃうよ」と話す子うさぎに、母さんうさぎは「おまえが逃げたら、母さんは追いかけますよ。だって、おまえは、とってもかわいいわたしのぼうやだもの」とこたえます。「ぼくは、小川の魚になって、泳いでいっちゃうよ」と言うと、「母さんは漁師になって、おまえをつり上げますよ」……。どこまでも逃げていくという子うさぎに、「どこまでも追いかけますよ。だって、大好きだから」とこたえ続ける母さんうさぎ。それを聞いた子うさぎは、どんなに安心したことでしょう。

　逃げる子どもは、実は、保育士が追いかけてきてくれるのを心待ちにしているのですね。

> **"逃げる"のは"追いかけてほしい"から**
> 　新しい先生とも仲よくなりたいのに、なかなか、素直に表現できないのは、仲よくなれるか不安で、緊張していたせいかもしれません。保育士も、子どもになついてもらえないと自信がなくなるのは、子どもと同じですね。子どもは追いかけてきてもらえると、「ぼくは、いらない子なんだ」とさびしい気持ちにならないで、「ぼくは、いていい子なんだ」と自分の存在を認めていけるようになります。"追いかけ遊び"では、「あなたをちゃんと見ているよ」と愛を行きかわすことになりました。仲よくなれるだけでなく、お互いに自分を認められるようになるんですね。

エピソード⑦
眠れないゆうくんにささやいた言葉

リラックスを誘っても、固くなるばかり

　3歳のゆうくんは、友だちに手が出てしまうことがあります。たいした理由もなく、急に乱暴がはじまるので、目が離せません。保育士が抱っこすると、おとなしく応じますが、緊張や不安が強いようで、体は固く、身をゆだねてくる感じがありません。体がゆるまないのです。そんなゆうくんなので、お昼寝の時間になってもリラックスできず、ふとんの中でモゾモゾ、ゴソゴソ。なかなか寝られないのです。

　ある日のお昼寝の時間、保育士はさりげなく隣に横になりながら、そっと体にふれてみました。ところがゆうくんは、リラックスするどころか、ますます体が固まってしまいました。さらにふれようとすると、体をよじって避けようとします。今日のゆうくんに対して、リラックスを誘う働きかけは逆効果のようです。まるで外界をシャットアウトするかのように、頭からスッポリふとんをかぶっているゆうくん。そうすると、たまに寝られることがあるようなのですが……。

愛のささやき攻撃

　頭からスッポリふとんをかぶっているゆうくん。保育士はそんな姿をぼんやり見つめているうちに、ゆうくんの"思い"が伝わってくるような気がしました。ゆうくんは、必死なのです。自分なりの工夫をしながら、なんとか寝ようとがんばっているのです。そんな"一人ぼっちの戦い"ぶりを見ているうちに、なんだかゆうくんのことがとてもいじらしく、いとおしく思えてきました。

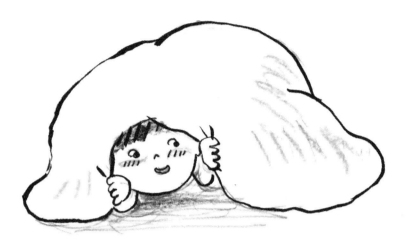

エピソード

　その思いをどうしても伝えたくなった保育士は、かぶっているふとんをほんの少しだけめくってみました。そして、「ゆうくん、大好きだよ」とささやき、またふとんを元通りに戻しました。ゆうくんはちょっと驚いたようで、ふとんの中でもじもじしています。そのかわいい反応をしばらく味わわせてもらったあと、またふとんを少しめくって「大好きだよ」とささやき、ふとんを戻しました。

　ふとんのすきまから、ちらりとゆうくんの顔が見えました。目をそらしながらも、照れ笑いをしています。そんなやりとりを3～4回繰り返しているうちに、やがてゆうくんは、ぐっすりと眠ってしまいました。

　そんな姿を眺めながら、しばらく保育士も、隣でとろんとしていました。

"心地よさ"を共有すると、何かが変わる

　お昼寝の時間が終わった時のことです。目が覚めたゆうくんが、保育士のところまで、「先生、あそこに"葉っぱ"が落ちてるよ」と言いに来ました。報告すべきほどのことでもないのに、わざわざ保育士を探して言いに来た感じです。思いがけないゆうくんの行動に保育士はうれしくなりました。

お昼寝の時、保育士はゆうくんに、"スキンシップ"のリラックスをプレゼントしてあげることはできませんでした。でも、2人で言葉と視線をかわし合う心地よいひとときを過ごせたのです。"心地よさ"を共有することによって、どこからともなく"安心感が降りてきた"感じでした。

　それから後は、保育士はゆうくんとすれちがうたびに、「元気？」とか、「会えたね」などと、ちょっとしたことをささやくようになりました。

　"愛"をささやいていくうちに、ゆうくんは眠れる日が増えたり、ほんの小さなタッチを受け入れてほほえんだり、自分から話をしにそばに来たりすることが増えてきたのです。また、友だちに対する乱暴もどんどん減っていきました。

エピソード

その子に合った"心地よさ"を探る
　保育士に「大嫌い」と否定的な感情をぶつけることも、追いかけてきてと逃げてみせることもできず、絆を求めることもなく一人でがんばろうとしていたゆうくんは、たぶん対人的な緊張の強い子どもだったのではないでしょうか。体がゆるむことがないくらいですから、おそらくふだんから自分の行動を統制することもできにくいのでしょう。そのために、本意ではないけれども、友だちに手が出てしまったり、乱暴をしたりしてしまうのです。助けを求めることなくなんとかしようと必死にがんばっていたのですね。そんなゆうくんのけなげさに共感したからこそ、保育士が、ことを強引に運んでかえって緊張を強めてしまわないように、無理強いをしないで少しずつ"愛"を育んでいきました。イソップの童話に出てくる、旅人にコートを脱がせようとする、『北風と太陽』の物語を思い出させるようなエピソードですね。

エピソード⑧
いつもいい子の琴音ちゃん

いい子のホンネは？

　4歳児クラスの琴音ちゃんは、いつも保育士の話をよく聞いていて、聞き分けがよく、問題行動をとることもなく、"いい子"で過ごしています。そんな琴音ちゃんは、保育士の手をわずらわせることもないので、下手をすれば一日のうち保育士がかかわることがあまりないまま過ごしてしまっていることもありました。もちろん、おりこうにしてくれているのは、悪いことではないし、保育士も助かっているのですが……そんな琴音ちゃんの姿を改めて見つめてみることにしました。

　遊んでいたおもちゃを友だちが「貸して」と言えば、貸してあげています。友だちに頼まれたことは、イヤと言わないで引き受けてくれています。そう言えば、保育士も頼りになる琴音ちゃんにいろいろお手伝いを頼んだりもしてきました。

　日頃から保育士は、行動が気になる子にはしっかり目を向け、困った行動の裏にあるホンネをわかろうと思いをはせてきました。しかし、困った行動をとらない琴音ちゃんは、いつもホンネを表現できているだろうかと立ち止まって振り返ってみると、ハッとさせられました。行動が気になるとか、気にならないなどという見方になりがちですが、いい子にしている子だって心の葛藤を抱えているのではないでしょうか。

がまんしなくていいんだよ

　そんな反省をしたある日、いつものように、「おもちゃ貸して」と言う子に、「いいよ」と貸してあげている琴音ちゃんに対して、保育士は思わず、「がまんしなくてい

1　安心して自分を出せる保育士と子どもの関係づくり

　いんだよ。いやだって言っていいんだよ」と声をかけました。ところが、琴音ちゃんはその言葉に困ったようで、どうしていいかわからない様子で固まってしまいました。がまんしないように誘ったつもりが、かえって琴音ちゃんを困らせることになってしまったのには、保育士もあわてました。

ありのままを認める

　何日か経ったある日、また、同じようなことがあり、貸してあげようとしている琴音ちゃんは、貸してあげる前に保育士をちらちら見ているのです。また、注意されるとばかりに気にしてしまったのだろうかと思いながらも、今度は日頃の琴音ちゃんの姿を思い起こしながら、「琴音ちゃん、いつもありがとう」と声をかけると、にっこ

エピソード

053

りうれしそうにうなずきました。
　そのことがきっかけになり、琴音ちゃんは保育士のそばにさりげなく来ることが増えました。保育士は、そのことがとてもうれしくて、琴音ちゃんを見てはほほえみます。それだけのやりとりなのですが、琴音ちゃんがいきいきしてきたように感じました。そして驚いたことに、時々ですが、「貸して」の言葉に「待っててね」とやさしい口調でこたえたりしています。しばらく遊ぶと「どうぞ」と友だちにやっぱり貸してあげる琴音ちゃんですが、なんだか前にも増して、やさしさが輝いているように見えました。
　いい子にしている子には、とかく保育士の目が向けられにくいものです。実はさびしい思いをしているのかもしれません。そんな時、もっとかかわらなくてはと力を入れるより、子どものありのままの姿を大切にしたかかわりをしていけば、自然に"安心の絆"が深まり、気持ちを表現できるようになっていくのです。

目につきにくい子にも意識的に目を向ける
　行動に問題があるか、ないかにかかわらず、どの子も心の葛藤はありますし、自分を認めてほしいという気持ちもあります。琴音ちゃんも、保育士が予想した通り、おもちゃを使いたいのにがまんしていたのかもしれません。がまんしている気持ちをわかってもらえ安心する子もいるでしょう。琴音ちゃんの場合は、友だちにやさしくしてあげることで、自分を認めてもらいたいと思っていたのかもしれません。
　どうであれ、保育士はそのことから、「ありがとう」と声をかけたわけではないのです。日頃の琴音ちゃんの姿に思いをはせて、ありのままの琴音ちゃんに感謝の気持ちを伝えたのです。そのことが琴音ちゃんに伝わったのでしょう。安心感に包まれると、その子が持っている素敵さが、さらに輝くのですね。
　行動が気になる子と同じように、行動が気にならない"いい子"だって、ホンネをわかってあげると、本来の輝きを取り戻すのです。

> エピソード⑨
> # 乱暴なたっちゃんの涙のわけ

理由もなく（？）キレてしまう

　3歳児クラスのたっちゃんは、すぐに、友だちに手が出てしまいます。

　いつもきっかけは、ささいなことです。自分が座ろうと思っていた場所に、友だちが座ってしまったとか。お気に入りのおもちゃを先に使われてしまったとか。ひどい時は、たっちゃんとは無関係なことで笑った友だちに急にかみついたり、前を通りがかっただけの女の子を押し倒したり。たいした理由もないのに、急にしてしまうことが多いので、保育士は目が離せません。

　お母さんの話によると、以前から、公園などでも急に友だちに手が出てしまうことがあり、悩んでいたそうです。やさしく言い聞かせても、厳しく注意しても、なかなか止まらないのだとか。たしかにたっちゃんは、注意しても知らんぷり。少し厳しく注意しても、ニヤニヤするだけで、反省しているようには見えません。

　このような面だけ見ると、たっちゃんは、手がつけられない乱暴者のように思われます。

　しかし落ち着いている時のたっちゃんは、とても、やさしい子なのです。泣いている友だちを、保育士のところまで連れてきてあげたり、一生懸命に描いたかわいい絵を、保育士にプレゼントしてくれたり。やさしいたっちゃんを知っているだけに、「乱暴になってしまうたっちゃんって、いったい、何を考えているんだろう？」と思ってしまうのです。

乱暴な行動の裏にあるホンネ

　たっちゃんは、気が強い"ガキ大将"とはちょっと違って、繊細でこわがりな面がたくさんありました。友だちに対しても緊張が強いはずなのに、保育士に助けを求めてきたり、泣きついてきたりということがありません。本当は平気なのではなく、心の中はドキドキでいっぱいなのに、平気なふりをして無理にがんばっているようです。ですから、ちょっとしたきっかけで不安が恐怖となって吹き出し、衝動的に友だちに手が出てしまうのではと思いました。そう思うと、自分だけでなんとかしようとしているたっちゃんが、けなげに思えてきました。一人でがんばらなくても、保育士に甘えたり、助けを求めたりができるようになるといいなぁと思いました。

本当はたたきたくないよね

　朝の登園直後の自由遊びの時間。おとなしくママとバイバイしたたっちゃんですが、表情は固いまま。そんな時、たまたま前を通りがかった友だちに、手に持っていたブロックを投げつけようとしました。

　とっさに保育士が手を押さえると、たっちゃんは、「はなせ～！」と暴れはじめました。保育士は、暴れるたっちゃんを後ろから抱きしめ、たっちゃんのホンネの気持ち、繊細でやさしい姿を思い出しながら、声をかけました。「ママとのバイバイ、ほんとは泣きたかったね」「本当は、お友だちをたたきたくなんかないんだよね」。

　抱き止め続けていると、だんだん、たっちゃんの体の力が抜けてきました。ぽろぽろと泣いたり、目を合わせてうなずいたりしながら、最後は保育士の腕の中で落ち着きました。

　そんなやりとりが続いたある日、気づいたら、たっちゃんは、困ったことがあると、ちょっとしたことでもべそをかき、保育士に抱っこを求めてくるようになっていました。そんな形で、甘えて安心できるようになってからは、友だちに手を出すこともほとんどなくなっていったのです。

1　安心して自分を出せる保育士と子どもの関係づくり

エピソード

"ホンネの気持ち"に思いをはせながら"抱き止める"
　ふだんはやさしいのに、泣き下手になっているばかりに、つい友だちに手が出てしまうたっちゃん。乱暴な行動を抱き止めてあげる（行動を整えるのを手伝う）ことで、容易に泣き上手を取り戻しました。泣き上手になるということは、身をゆだねられる関係性（つながり）を土台に"助けを求められるようになる"ということなのですね。

エピソード⑩
命令ばかりしているありさちゃんを本気で叱る

自己主張とおせっかい

「それ、ちゃんと運んでおいて！」と、きつい口調で友だちに命令している5歳のありさちゃん。言われた友だちは、いやそうな顔で、しぶしぶ応じました。遊びとなると、ありさちゃんは、いつも仕切りたがります。特に気になるのは、「それはだめだよ。こうしな」と友だちの行動に対しておせっかいになりすぎてしまうことです。保育士はついつい、「ありさちゃんは、そんなに言わなくてもいいんだよ」と怒りたくなってしまいます。

そんなありさちゃんは一見、自己主張が強く、自分のやり方に自信があるように見えました。ありさちゃんは、たしかによく気がつき、しっかり者です。

でも、「なんであんなに、言いすぎてしまうんだろう」と思い、ありさちゃんの様子をよく見ていくと、自分のことだけでなく、友だちのことでさえ、自分がなんとかしようとがんばっている姿が目にとまりました。だから、いつも肩に力が入ってしまっているんだなぁと思いました。調子のいい時は、本来持っているリーダーシップが、いい感じで発揮されることもあるのですから。

肩の力が抜けたら

無理にがんばりすぎず、適度に力が抜けるようになったら、もっと本来のよさが発揮できるのではないか。そう思った保育士は、とにかくありさちゃんがリラックスできるように心がけました。乱暴な言葉づかいの時も、叱りたい気持ちをグッと抑え、

笑顔で言い聞かせたり、言い分を聞いてあげたりするようにしました。

しかし、そんな時、ありさちゃんは黙ってうつむくばかり。そして保育士の努力のかいもなく、ありさちゃんの困った言動はおさまる様子がありませんでした。

子どもにホンネで迫る

ある日の砂場遊びで、友だちの持っていたスコップを取り上げ、「あっち、行って」と大声で、友だちを押しのけようとするありさちゃん。友だちは、もう涙目です。それを見ていた保育士は、思わず、「いいかげんにしなさい！」と言いながら、ありさちゃんをぎゅっと抱きしめました。「はなして！」と抱っこをいやがり、なんとか逃れようともがくありさちゃんを、「はなさない！　ありさちゃんがおりこうになるま

エピソード

　で、はなさない！」と保育士は譲りません。ありさちゃんは保育士に抱かれながら、暴れるだけ暴れました。そしてなぜか、保育士はそのやりとりを通して、ありさちゃんと近づけたような気持ちになり、とてもうれしくなりました。

　それからは「やさしく受け止める」だけではなく、遠慮しないで「しっかりとホンネで迫る」ような接し方もするようになりました。そんなやりとりがうれしかったのは、ありさちゃんも同じだったようです。少しずつ、ありさちゃんは保育士にべたべたくっついてきたり、ふざけっこをしてきたりするようになりました。それとともに、乱暴な言動も減っていったのです。

　ありさちゃんが変わったのは、厳しく叱られたせいではないようです。一番は、保育士が自分の本気、ホンネをしっかり伝えたことにあったようです。保育士が「こうでなければいけない」という縛りから解放され、楽になったことで、子どももホンネの気持ちを表現しやすくなり、楽になっていったのですね。

共感するからこそホンネで向き合える
　甘え下手になりがんばりすぎて肩に力が入ってしまうと、"大人を頼らずに自分一人でがんばる"という行動パターンから抜けられなくなってしまうことがあるようです。その余裕のなさが、攻撃的な振る舞いにまでつながってしまうのでしょう。そこから抜け出せずにいるありさちゃんの切なさに共感した保育士が、友だちのことさえ、自分でなんとかしようとがんばり続ける姿に敬意を表しながら、本気で迫ったことで、ありさちゃんのこのパターンが崩れたのでしょう。
　また、孤独なパターンを守ろうとする子の行動には、とかく同じようにがんばっている保育士の怒りの感情のスイッチが押されやすいので、気をつける必要があるでしょう。しかし、本来の姿に本気で導こうと叱ることは、子どもは安心できる大人と主導権を分かち合うことですから、肩の荷が下りることになるので安心します。そのほうが力が抜けて楽になり、しっかり者が輝いて、かえって素敵なリーダーぶりが発揮されるのです。

エピソード⑪
切り替えができない子どもとのやりとり

あと、100回やる〜！

　外遊びの時間が終わって、おやつの時間。なのに4歳児クラスのよっくんだけは、「もっと、すべり台やる！」と言って、部屋に入ろうとしません。

　そんな時、保育士が「やりたいよね」と、しばらくつきあってあげると、満足してやめてくれる子がいます。でも、よっくんの場合は、いっこうにやめようとしないので、結局は力ずくで入室させることになります。

　子どもの言いなりになって振り回されるのではなく、逆に、力ずくで終わらせるのでもない接し方。お互いに歩み寄れるようなやり方ってないかな？　そんなことを考えていたら、よっくんと、こんな楽しいやりとりになりました。

　保育士はすべり台で遊び続けるよっくんに近づき、「もっとやりたいね。でも、おやつだから、入らなくてはいけないよね」と話しかけました。わざと知らんぷりをしているところを見ると、実はちゃんとわかっているようです。そこで、「じゃあ、あと何回やる？」と問いかけ、本人の選択を促すことにしました。

　「あと、100回！」とよっくん。「う〜ん、それはのめないなあ」と保育士。無理なことは無理と、はっきり伝えます。「じゃあ、50回」「う〜ん、それもねえ」。

　「じゃあ、10回」と言うので、「う〜ん、でもな〜、おやつだからな〜、どうしようかな〜」と、めいっぱい悩んでみせました。おおげさな演技をいつしか楽しんでいる保育士です。すると、よっくん「じゃあ、2回」、「よおし。その話、のんだ！」。

　その後、なんと1回すべっただけで、自分から入室。「わあ、2回って言ったの

に、1回でおしまいにできるなんて、おそれいりました」と保育士は頭を下げて見送りました。

よ〜し、つかまえるぞ〜

エピソード

3歳の麻衣ちゃんも、場面の切り替えが苦手な子です。外遊びから給食の時間への切り替えができません。

園庭の麻衣ちゃんに、保育士は「もうごはんだから、お部屋に入って」と声をかけても、走り回るばかり。そこで、「逃げるとはなにごとだ〜」と言いながら追いかけました。キャアキャア叫びながら逃げ回る麻衣ちゃんに、あとちょっとでつかまえられるという距離まで迫り、あえて取り逃がしてみました。「あ〜、逃げられた」と、くやしがって見せると、得意そうな顔で笑う麻衣ちゃん。「よ〜し、今度こそ。部屋に入りなさ〜い」とまた追いかけ、ギリギリのところで逃がします。こんなやりとりを何度か繰り返すたびに、麻衣ちゃんは本当にうれしそうな顔をするのです。最初は演技のつもりだった保育士も、そんなかわいい麻衣ちゃんとのやりとりをいつしか楽しんでいました。そして、保育士は麻衣ちゃんのパワーに降参して、本当に息が切れてヘトヘトになって座り込みました。

麻衣ちゃんは、座り込んだ保育士を気づかうような表情で近づいてきます。そして、保育士の隣に黙って座りました。それから保育士が「おやつだね……。お部屋に入る?」となにげなく言うと、麻衣ちゃんは、「うん。じゃあ、1回抱っこして」と言いました。「しかたがない。負けちゃったから、抱っこさせていただきま〜す」と言いながら、ムギュ〜〜〜。温かくなったのは、体だけでなく心もでした。そのあと、手をつなぎながら部屋に入りました。

大事な気持ちをもてなすチャンス──どんな気持ちかはわからなくても

活動の切り替えができない子どもも、本当はやるべきことが何かをちゃんとわかっ

ていたのです。だから保育士は、「こうしなさい」と必死になって子どもに伝えなくてもいいのですね。

　気持ちの切り替えのむずかしさの裏には、ため込んだ大事な気持ちが隠れているのではと感じた保育士。「さびしさ」だったり、「どうせぼくなんて」という気持ちだったり、「一人でいいもん」かもしれません。どんな気持ちかはわかりませんでしたが、「どうしたら切り替えられるか」ということにとらわれるより、大事な気持ちをもてなすチャンスだと思ったほうが、ずっと前向きになれるように思いました。

　葛藤する気持ちを自ら乗り越えて、「100回から、2回へ」と自分で回数を減らし、がまんを選択できたよっくん。追いかけっこに勝って、座り込んだ保育士を気づかってくれた麻衣ちゃん。そんな、2人とのかかわりで、保育士も心がほっこりしました。

エピソード

気持ちの折り合いがつくまで楽しくつきあう
　活動の切り替えができない、やはり行動を整える手助けをしたほうがいいかなと思える子どもたちでした。保育士は、「行動を切り替えなきゃ」という気持ちと「でもなかなか切り替えができない」という気持ちの葛藤を認めていたのですが、そこにとどまることなく、その葛藤のさらに裏に、何かはっきりとはわからないけれども大事な気持ち（葛藤している気持ちよりもさらに大事な気持ち）が隠れていることを感じ取りました。といって、「どんな気持ちが隠れているか」を突き止めるのではなく（それはすぐにはむずかしいことですから）、「何かはわからないけど、何か、切り替えをむずかしくしている大事な気持ちがあるんだね」とだけわかってあげながら、「どうしたら早く切り替えられるか」にとらわれることなく、柔軟に、気持ちの"折り合い"がつくまでつきあったのです。

エピソード⑫
けんかからはじまった素敵なドラマ

仲直りがいつも最優先？

　3歳児のクラスでの出来事です。けいくんは、園庭で見つけた木の枝を、砂山に刺して遊んでいました。どんな枝でもいいというわけではなさそうで、けいくんなりに気に入った枝を探し、それをコレクションするように砂山に刺していました。

　けいくんが枝探しに歩き回っていた時、たまたま砂山の前を通りがかったしょうちゃん、「あっ、いいもの見つけた！」という感じで、なにげなく、刺してあった枝を引き抜き、ポキッと折ってしまいました。

　それを見つけたけいくんは、泣いてしょうちゃんをたたきました。けいくんが泣いているのを見て、しょうちゃんは、「大変なことをしちゃった！」と思ったのもつかの間、たたかれたことに火がついて、大泣きしてたたき返しました。その後、2人とも大泣きです。

　こんな子ども同士のけんかがあった時は、けいくんに、「こわされちゃって、いやだったね」となぐさめ、しょうちゃんには、「わざとこわしちゃったわけではないんだよね」と同情しながら、「でも、けいくんが大事にしていたんだって。こわしちゃってごめんねってしようね」と、仲直りをすすめることが多いのではないでしょうか。

　でも、いつも「一刻も早い仲直り」を目指して、保育士が解決するのではなく、一緒に悩みながら、子どもたちと解決していくと、子どもたちの素敵な"ドラマ"にお目にかかれることがあるのです。

自分の力で切りひらく

　怒って泣きじゃくる2人に、保育士が「こわれちゃったの。たいへんだー」と言うと、それを聞いた2人の泣き声はますます大きくなりました。保育士は、「悲しい時には、いっぱい泣いていいよ」という気持ちで、しばらく2人に寄り添っていました。

　少し泣き声が小さくなってきたのを見計らって、保育士は、しょうちゃんに、「けいくん、いやだったんだって。どうしようか？」と尋ねました。黙って、困っているしょうちゃんに、保育士は小声で「けいくんにあげる枝を探しに行こうか」というアイデアを出し、一緒に枝探しに出かけることにしました。

　ところが、見つけてきた枝をけいくんに差し出すと、「違う！」とますます大泣き。めげずに拾ってきた2本目の枝にも、けいくんは納得してくれません。でも、ここからは、しょうちゃん自身の力で、道を切りひらいてほしいと思いました。

　何度も断られるうちに、しょうちゃんは、だんだん複雑な形の枝を見つけてくるようになっていきました。桜の花の咲いていた一枝を背中に隠し、両手でそっと差し出すプロポーズのような場面も！　そうなると、ダメ出しを続けるけいくんも、半分泣きながら、半分ウキウキ。

　やがて、まわりの子もおもしろがって、一緒に枝探しに参加、作戦会議をしている子たちもいます。保育士も自分が一番素敵な枝を見つけるぞとはりきりました。なんだかみんな、盛り上がっていきました。

　そして、ついに、しょうちゃんが差し出した枝に、「いいよ」というけいくんの笑顔が！　ほっとしたしょうちゃんも、にっこり。2人のケンカをもとに、まわりの子どもたちまで巻き込んだゆかいな遊びが展開していきました。

けんかは子ども同士の関係を深めるチャンス

　けいくんは、自分のために一生懸命やってくれる友だちの姿に笑顔が戻り、心から

許してあげることができました。しょうちゃんは懸命な努力の末に許してもらえたことで、失敗が充実感・満足感に変わっていきました。まわりの子の応援の広がりは、響き合い助け合う"社会の縮図"のようでした。

けんかは、子ども同士の関係をグッと深めていけるチャンスです。少し子どもたちにまかせて成り行きを見守っていると、子どもたちの力が動き出します。保育士も「解決する人」になろうとするより、「一緒に考える人」になら、なりやすいのでは。そのほうが子どもたちも安心するようです。「もめごとがあっても、泣く子がいても、それを自分たちの力で乗り越えていける子どもたちの集団」を育てていきたいものですね。

そしてまた、保育士は上に立たないで、子どもたちの世界の一員になれると、不思議と「子ども心」というか、「感性」というか、忘れていた景色を思い出したかのように、ウキウキする気持ちが飛び出してくるのです。そうやって社会はできているのですね。

エピソード

自分たちの力で道を切りひらく

子どもに対して、大人として手を差し伸べたらよい時と、見守っているべき時があります。しかし大人は、つい手を差し伸べたらよい時に放任になったり、見守るべき時に手伝いすぎたりと、逆のことをしてしまうことがあります。このエピソードでは、そのことを見極めながら保育士は、子どもたちが自分たちの力で切りひらくことを信じて見守りながら、ちょっとだけアイデアを出してあげました。そして、一方では、保育士が子どもの世界に入っていくことで、子どもたちに安心感を与え、保育士自身も自らの感性も磨くことになったのです。

2
子どもたちの底力が花ひらく活動・行事

　子どもの力を信じ、子どもの気持ちを活動の中心にすえていくと、子ども同士の本気のぶつかり合いが起きてきます。その中で、笑ったり、泣いたり、落ち込んだり、立ち直ったり、ケンカになったり、仲直りをしたり……という、子ども同士のホンネの表現や交流が生まれ、子ども集団が持っているパワーが最大限に発揮されるのです。それは、子ども自らが育っていこうとする"自己成長力"、"生きる力"なのだと思います。

　昔はそういう関係が、近所のお兄さんやお姉さん、仲間たちと群れを成して遊ぶ中で自然と育っていったのでしょう。多様な人間とかかわりながら育つという環境が少なくなっている今、保育の中で意識的に経験できる機会をつくっていきたいものです。そのためには、どんなことを大切にしていけばいいでしょうか。

エッセンス

子どもたちの考える力・育ち合う力が保育を輝かせる
クラスの保育づくりで大切にしたい6つの保育のエッセンス

❶子どもたちによる発見や発想を、活動の中心にすえる
　子どもたちの興味、ちょっとした発見や疑問のつぶやきに耳を傾けていると、そのことがもとになり、予想もしない遊び（保育活動）に発展していくことがあります。その際、子どもたちの思いが挫折することなく実現していくために、保育士は陰の仕掛け人として力を発揮することになります。

エッセンス

❷ 子どもの失敗や"困った"体験を、成長のチャンスととらえる

　子どもたちを失敗させないようにするのが、保育士の役割ではありません。問題にぶつかって悩んだり、葛藤したりする中に、子どもたちの育ちに役立つ課題が見つかります。子どもたちが底力を発揮するチャンスなのです。

❸ 子ども同士の関係性（ぶつかり合い）を大切にしていく

　子ども同士の容赦ないぶつかり合いから、自分の意見だけが通るわけではなく、人の言い分も聞かなくてはならないことを学びます。一方で、つらいこと、悲しいことを一人で乗り越えようと必死にならなくても、仲間が支え、一緒に乗り越えようとしてくれます。そういった子ども同士の関係が、社会性を育むのです。

❹ 大人も、子どもと一緒に楽しむ心があってよい

　子どもが喜ぶ姿を想像しながら、楽しい保育活動を計画することがありますね。でも一方で、保育士自身が"わくわく、ドキドキ"するような遊びを仕掛けて、楽しんでしまうことがあってもいいでしょう。大人が楽しんでいる姿に、子どもたちも"わくわく、ドキドキ"、目を輝かせて遊びを楽しむことになるのですから。

❺ 保育士は、子どもたちが信頼し安心できる"大きな存在"になる

　子どもたちが、自由に自分の思いを表現できることの背後には、何があっても助けてもらえるという揺らがない大人の存在が大切です。大人が「こうしよう」という方向性もなく子どもにゆだねると、子どもに振り回される形になります。それでは子ども自身も安心できません。きちんとNOと伝えることが必要な場合もあるのです。

❻ 地域を巻き込むと、みんなが元気になる

　地域の人に、子どもたちのためにひと肌脱いでもらうと、子どもたちは、保育園の中では学べないことを体験できます。地域の人も、自分のできることを自分らしく伝え、役に立ったことを喜び、生きがいを感じてくれることでしょう。こうして地域の人々が年齢や立場をこえて「育ち合う」「支え合う」ということが、人間本来の姿なのではないでしょうか。

> エピソード①
> # えっ！ 野菜の運動会って？
> "いつものやり方" から自由になる

　日々の保育の中では、子どもの主体性を大切に意識していても、運動会をはじめとしたさまざまな行事は、子どもの成長を御家族に披露するということもあり、子どもたちがしっかりできている姿を見せなくてはと、保育士にはかなりのプレッシャーがかかります。保育士があれこれと頭を悩ませ、用意した枠組みの中に子どもをおさめていこうとするのは、子どもたちの成長ぶりを認めてもらいたい一心からなのかもしれません。いつしか、「行事は、子どもも保育士も、必死でがんばるもの」になっているようです。

　もちろん、がんばることは大切です。しかし、67〜68頁の❶〜❻にあげたような保育のエッセンスを大切にして保育にあたると、子どもの持つ "底力" が驚くほど発揮され、がんばり方に輝きが生まれるのです。そういう意味では、行事の取り組みは、子どもたちの感性と考える力を保育の中心にすえる絶好のチャンスだと言えるのではないでしょうか。

子どもたちが興味を持っていることからテーマを決める

　S保育所の運動会は、毎年テーマ決めからはじまります。運動会のテーマについて、年長児が中心になって話し合って決めていくのです。

　4月からの半年間で子どもたちが一番興味を持ったり、楽しんだりしたことがテーマに決まることが多いのですが、ある年は、海や山に散歩に行ってたくさん楽しんだので、運動会は "山チーム" と "海チーム" の戦いになりました。

エピソード

　別の年は、虫好きの子どもたちが多く、カブトムシやザリガニの飼育に夢中でした。それで、運動会は"カブトムシチーム"と"ザリガニチーム"の戦いになりました。「卵から幼虫になって、脱皮して、カブトムシになって……」という、自分たちが目を丸くして観察し続けていた"カブトムシの驚異の変身ぶり"を、その感動を振り返りながら競技に作り上げていきました。

　ところが今年は、思い出話が出される中で、だんだん「野菜作り」の話で盛り上がってきました。たしかに今年は、はじめてスイカ作りにも挑戦したこともあって、野菜作りに夢中になっていた子どもたちでした。なので、「野菜作り」が一番印象に残っている活動であることもうなずけました。

　ただ、「今年の運動会のテーマは、野菜にしよう」という話が子どもたちから出た時は、保育士たちは固まってしまいました。「運動会のテーマで、"野菜"なんて、あり？」「どうやって、運動会に結びつけていくの？」。なるべく、子どもたちの発想を大切にしてあげたいのですが、いくらなんでも、この方向性は、いったいどうなることやら……という感じでした。

緑の野菜チーム VS 赤の野菜チーム!?

　まず、子どもたちが言い出したのは、「緑の野菜チームと赤の野菜チームが戦う運動会にすればいい」ということでした。するとすぐに、「え〜っ？　畑の野菜って、みんな緑じゃない？」という声があがりました。「ピーマンだって、エンドウマメだって、カボチャだって、みんな緑。赤はトマトだけだよ」。子どもたち自身が育ててきた野菜の名前が次々とあがり、説得力のある意見です。みんな、う〜んと黙ってしまいました。

　すると、「スイカは切ったら、中が赤だよ」という意見が出ました。「今年のサツマイモは、まだ土の中だけど、去年掘った時は赤かった」「カボチャは、切ったら黄色だけど、赤い野菜チームに入れればいい」。とった野菜で料理を作った体験をふまえ

ての意見に、先生たちも納得です。

体験に裏づけられた応援合戦

　そんな経過をたどりながら、今年の運動会のテーマは、「野菜の運動会」となりました。

　運動会の見せ場の一つである"オープニングのセレモニー"では、両チームとも『おおきなかぶ』のお話をもとにして、劇をいきいきと表現し、自分たちのチームをアピールしたり、野菜の特徴を強みとしたゆかいな応援合戦を繰り広げたりしました。

　緑の野菜チームは、「キュウリの苗を植えました」からお話がはじまり、大きくて立派なキュウリができ、大勢で「うんとこしょ、どっこいしょ」と引き抜くというところまでは定番。ところが「ちょっと待った」と子どもたち……「軍手をとってきておくれ」「痛くて、とれないよ」と言い出し、軍手をはめて「キュウリはやっととれました」となったのです。その後、「イタイ！　イタイ！　キュウリのチクチク攻撃だぞ〜！」などと強そうな応援フレーズを続けるという流れになりました。

　一方で、赤の野菜チームの応援は、「スイカの苗を植えました」からはじまりました。大きなスイカができ、パチンと茎の部分にはさみを入れて収穫するという場面で、「ちょっと待った」「茶色くないと、ダメなんだ」と言い出し、「そうだよ、そうだよ！」と盛り上がる子どもたち。

　実は「茎が茶色くならないうちは、収穫してはダメ」ということをおばあちゃんに教えてもらい、子どもたちは、来る日も、来る日も、スイカの茎とにらめっこをしながら、食べたい気持ちをグッとおさえてがまんの日々。茎が茶色くなって、収穫して食べたスイカの味は忘れられない思い出でした。その喜びの体験を自分たちで振り返っての表現なのです。

　「ついに、茎が茶色くなりました」「ちょきん」「やった、やったー！」。もちろん、続く応援フレーズは、「スイカは重くて、大きくて、甘いぞ〜」「スイカの種飛ば

し攻撃！」。スイカを食べたあとで、みんなで盛り上がった遊びまでもが、応援合戦になっていったのです。

　子どもたちの楽しかった思い出は、子どもたちの新たな意欲やチャレンジのエネルギーとしてよみがえっていることに、とてもうれしくなりました。

　運動会は、「赤対白が当たり前」という枠から抜け出ると、子どもたちと保育士が、わくわく、ドキドキしながら、共に悩んで、共に考えて、こんなに楽しい展開になりました。子どもたちの考える力、発想力の素晴らしさに、保育士は心が温かくなりました。

エピソード

エピソード②
チーム分けをめぐって
本気のぶつかり合いがおもしろい

年長児による勧誘活動

　M保育所の運動会では、子どもたちが自分たちでチーム分けをするのが伝統です。今年もまずは、年長児が動きはじめました。

　最初は、年長児自身のチーム分け。ここはすんなり、子どもたちだけの話し合いで赤白2チームに分かれました。そして次は、年中・年少の子どもたちの勧誘。年長児が小さい子たちのクラスに出向き、「ぼくたちのチームに入って」とメンバーを募集するのです。「玉入れがんばるから、ぼくたちのチームに来てくれ」「わたしたちのチームは強いから来て」などなどの説得に、小さい子はそれぞれの気持ちのおもむくままにチームに入ります。

　小さい子たちですから、その場のノリで返事をして、同じチームにどっと参加者が流れることもしばしば。今年は赤組に売り込み上手な子がいたので、どんどん人数に違いが出てきました。「ずるい！」と、白組の年長児は訴えますが、おかまいなしの赤組です。

　ここでの保育士の役割は、ひたすら待つこと。こたえを見つけるのは子どもたちの役割で、失敗の経験も大事にしていくことが、自分たちでつくり上げた運動会だと実感できると考えたからです。もちろん、不公平だと訴えてきた子どもには、「困ったねえ」と一緒に悩んであげましたが、今後の展開がどうなるかと保育士は内心ウキウキしていました。

玉入れで惨敗

　赤も白も、とりあえずチームはできましたが、小さい子が競技のやり方を知らなくては、負けてしまいます。そこで、まずは、玉入れのやり方について、年長児が懸命に説明しはじめたのですが、言葉だけではなかなか理解してくれないので、だんだん疲れてきました。そしてどちらの組の年長児も、まずは実際に玉入れをやって伝える方法がいいと考えました。

　玉入れの用具は、子どもたちが遊びながら練習できるよう、すでに園庭の隅にスタンバイしています。両チームとも、まずは年長児が、低いかごの位置で玉入れのやり方を見せました。小さい子たちは、かごに玉を投げ入れるおもしろさに、すぐにはまって大喜び。

　その次は、赤対白で勝負をしてみることになりました。もちろん赤組は、白組より人数が多いまま。人数の少ない白組は健闘したものの、やはり大人数の赤組が勝ちました。

　白組の年長児は、「赤組は、人数が多いからずるい」と必死に訴えます。赤組の年長児は、不平等であることには気づいていますが、勝てたことがうれしくて、知らん顔をしています。さんざん白組が文句を言いますが、話し合いはまとまりません。そして小さい子たちといえば、勝ち負けなど気にせず、「玉入れ、おもしろい！」と、繰り返し玉を投げて楽しんでいました。

　ここでも保育士は、負けてくやしがるチームの言い分をひたすら聞き、「そーだよね」と共感しますが、案は出さず、子どもたちの出方を待つことにしました。

綱引きで泣き出す

　次は、綱引きで勝負することになりました。これこそ、人数の多い赤組が圧勝です。さすがにこれには、「ずるい！」と言い出す白組の年長児が増えてきました。そのうちの何人かは、「そんなの負けるに決まってるじゃないか！」と泣き出しました。

その様子に、赤組の年長児は、ちょっとまずかったかなという表情になりました。小さい子たちは、年長児が真剣に言い合う姿を見て、これはすごいことなんだと、だんだん引き込まれていきました。

さすがに、このあたりから保育士も、仲裁したい気持ちになってきました。しかし、子どもたちの可能性を信じて、両チームの言い分に共感することに徹しました。すると不思議なことに、気持ちを十分に吐き出し、「くやしかったね」と受け止めてもらった子どもたちは、気持ちを切り替え、次の勝負にチャレンジしていこうとするのでした。

紅白リレーでのどんでん返し

次は紅白リレーのお試し勝負です。人数の違いはそのままなので、長い列の赤組と、短い列の白組。さすがに、走り出す前から、「白が勝つに決まっているじゃん」と言う子がいます。そして、その子たちの予想通り、白組の圧勝でした。これまでくやしい思いをし続けた白組が、はじめて勝ったのです。喜ぶ白組に対して、今度は赤組のほうから、「白組はずるい！」という声があがりました。小さい子たちも、年長児の姿を見る中で、人数の違いが勝敗のゆくえに関係していることが、少しずつわかってきたようです。

そこで保育士は、素知らぬ顔で、「これで両方勝てたから、よかったじゃない」とわざと言いました。もちろん本当は、ちっとも「よかった」ではないことはわかっています。しかし、子どもたちの心の中で気づきが確実に進んでいるからこそ、まるで人ごとのような保育士の発言が、子どもたちの自主性を刺激するのです。

何回かリレーの勝負を繰り返すうちに、ただ喜んでばかりいた白組の中からも、「同じ人数のほうがいいよ」と言い出す子が出てきました。自分たちの言い分だけではなく、相手チームの言い分にも耳を傾けはじめたのです。散々、自分たちも負けてくやしい思いをしてきたことや、その気持ちを受け止めてもらってきた経験から、相

手の立場や気持ちに寄り添おうとしはじめたのです。

　人数の少ない白組がとっくにゴールし終わったあと、相手がいない赤組の子が一生懸命一人で走っている姿を見て、ある３歳児までもが、「一人で走るのはかわいそう」とつぶやきました。その発言に、「そうだね」と白組の年長児がうなずきました。

　勝つことへのこだわりはありつつも、でもやっぱり、どうせ勝つなら正々堂々と勝負したうえで勝ちたい、という気持ちがだんだんに芽生えてきたようです。最後は人数が平等になるように分かれることになりました。

心が通い合ってきた子どもたち

　心から勝ちたいと願い、そのために自分たちに都合のいいものを手にし、たとえそれで勝てたとしても、結局は楽しくないことを、子どもたちは学んだのではないでしょうか。自分の気持ちをわかってほしいけど、相手にも気持ちがあるということも感じたことでしょう。

　そして、きっと小さい子たちは、一生懸命にホンネをぶつけ合う、そしてそこから学び合う年長児のすごさを学んだのだと思います。

　運動会の取り組みの入り口から、子どもたちは友だちと本気でぶつかりながら、自分自身にも気づいていく体験をしました。そのことによって、わかり合う一歩を踏み出したのでしょう。

　自分たちで考えながら、時には感情をぶつけ合いながら、少しずつ仲間と共に気づいていくことを大切にした運動会の取り組みが、子どもたちを心身共にたくましくしていったのです。

エピソード③
よしきくんの変化と成長
仲間の中で育ち合う

みんなと一緒に参加しないのはどうしてだろう？

　運動会への取り組みの中で、とても悩むのは、みんなと一緒に参加できなかったり、邪魔をしてしまう子どもへの対応です。M保育所では、4歳のよしきくんに対する支援を、職員全体で取り組んできていました。よしきくんは一見、保育士の言うことを聞かず、あきやすく、集中力に欠けています。まわりの状況におかまいなくクラスから飛び出しては職員室などに逃げ込んだりを繰り返してきました。かまってほしいから、わざとやっているに違いないのでしょうが……。
　「表にあらわれる行動はそうだけど、ホンネはどうなのか」を繰り返し職員間で話し合いました。すると、次のような意見が出されました。

「集団から抜け出す時のよしきくんの様子をよく見ていくと、課題に対してダメだ、できないと感じて、その場にいられなくなるようだ」
「本当は、みんなと一緒の課題に取り組みたいけど、自信が持てず緊張し不安でこわいのでは」
「担任保育士に『できないよ～』と助けを求め、甘えたいが甘えられないのでは」

　そこで、「甘えていいんだよ」と、よしきくんを抱きしめて一緒にやろうと誘うこともしたのですが、最初はいやがるようにのけぞったり、せき込んだりする状況でした。それでも、繰り返し抱っこをしていくと、少しずつ体の力が抜けてきて、「本当は

みんなとちゃんとやりたいんだよね」と言葉をかけると、目に涙をためてうなずきました。

　よしきくんは、ホンネをわかってもらい抱きしめてもらったことや、自分のために、先生たちみんなが考えてくれ、大事に思ってくれているということを感じられたことが、とてもうれしかったようです。よしきくんは"先生たちはぼくを見てくれている"と感じながら、その後、次第にクラスに帰っていくことができました。

真剣勝負の練習の中で ── 遠慮のない仲間たち

　ところが、やっとクラスにいられるようになったものの、少しずつ甘えが出てきたあとには、ささいなことで「ヤダヤダ」がはじまりました。自分の使っていたおもちゃをさわられただけで、友だちに乱暴したりするなど、担任をとても困らせます。

　運動会練習がはじまると、うまくいかなかったり、負けるとくやしがって、その場から抜けてしまったり、大泣きしたりしました。

　しかし、子ども同士は遠慮がありません。「がんばれよ！」と励ましてもくれるけど、「こんなんじゃ、勝てないぞ！　負けてもいいのか！」「抜けないで最後までやれ！」と容赦のない言葉も飛んできます。真剣に向き合ってくる仲間に、一瞬ひるんだよしきくんでしたが、何かが彼をピンとさせてくれているような感じでした。

　はじめは、緊張は隠せず、なかなかうまくはいきませんでした。それでも、真剣な仲間の態度に、少しずつがんばる姿を見せはじめました。すると、さっきまで怒っていた仲間が、「よーし！　がんばったな」と一緒に心から喜んでくれるのです。この仲間との関係が、よしきくんに大きな勇気をくれました。

運動会当日のハプニング ── 自分たちの運動会

　迎えた当日、子どもたちはチームをもり立て、勝負にも力が入ります。保護者の方にも子どもの思いが伝わりやすいように、ワイヤレスマイクで、子どもたちの声をひ

ろいました。「〇〇くんには負けません」「絶対勝つぞ」「もう一度勝負しようぜ！」「よし、わかった」……延長２回戦になることもありました。

　そんな中、よしきくんは障害物競走で、「あの跳び箱に引っかからないように、うまくとべるように、ぼくはなりたいんです。ぼくは、がんばります」とマイクに向かって言いました。"できなそうなことは失敗しそうで、やるのがこわかったけど、

逃げないでぼくはがんばるから、見ててね"というよしきくんのがんばりたい気持ちを、それもたくさんの人の前で表現できた瞬間でした。

また、他の競技で負け、くやしくて泣きくずれるよしきくんに、保育士はマイクを通して、「くやしいね。でもその気持ちとっても大事だよ。大事にしたいね」と声をかけました。すると、よしきくんはうなずいて、涙をぬぐい、がまんして次の競技に挑戦しました。

最後の紅白リレーでは、よしきくんの赤チームは負けてしまいました。泣いたり、くやしい思いをまたぶつけると思っていた保育士が、よしきくんにマイクを向けると、「ただ今の勝負は、白の勝ち！」とアナウンスしてくれ、一瞬の間のあと、みんな大笑いしてしまいました。笑いながらでしたが、どの保育士も、泣きわめくのではないよしきくん、負けも受け止めたよしきくんに驚いて感動していたのです。

充実感に満ちていたのは、子どもたちも、保育士たちも、そして、保護者の方々も同じだったようです。たくさんの失敗も大切にしながら、運動会当日まで学び続けた子どもたちは、自分たちの運動会であることを実感していました。仲間と一緒に支え合い、目標に向かってやり遂げた達成感は、一人ひとりの大きな自信につながったに違いありません。

運動会後、保護者の方からは、「子どもたちの意志の力を感じました」という感想がいくつも寄せられました。

> エピソード④
> # 『白雪姫』のナゾに挑む
> 自分たちの"発見"を自分たちらしく表現する

　子どもたちの感性を豊かにしていく絵本の読み聞かせは、どこの保育所でも重要視されていると思います。読み聞かせた絵本の中で、特に子どもたちが気に入ったお話を取り上げ、お話の主人公になりきって"劇遊び"を展開して楽しむこともあるでしょう。T保育所でも、"昔話"を繰り返し子どもたちに読み聞かせていましたので、その年の発表会では、年長児が『白雪姫』のお話を選んで劇を行い、保護者に見に来てもらうことになりました。

「物語」を通して何を伝えたいのか

　『白雪姫』は、かわいらしい白雪姫への嫉妬に狂ったお妃が、3回も白雪姫を殺しにやってきますが、白雪姫は王子の愛で生き返り、2人は結婚。執念深くやってきたお妃は真っ赤に焼けた鉄の靴を履かされて、死ぬまで踊り続けるというお話です。

　本物の昔話では、3回繰り返し殺しに来るとか、7人の小人といったように、3や7という数字へのこだわりがあったり、悪者が抹殺されたりします。そこには、昔の人が残した「生きていくうえで大切なメッセージ」が込められていると言われています。そういったことを保育士が知ったうえで、劇遊びを通して何を子どもたちに学ばせたいのかを、ちゃんとつかんでいることが大切だと思います。

　ただし、何もかも保育士が"こういうことだよ"と教えてしまっては、おもしろくありません。この年は、ある素朴な疑問をきっかけに、子どもたちは自分たちの力でどんどん物語の真髄に迫っていきました。

エピソード

なんでちょっとずつ食べたの？

　『白雪姫』の本物の昔話では、「とてもお腹がすいて、のどがかわいた白雪姫は、7人の小人の家で、7つのお皿から少しずつ食べた」と書かれています。何度も繰り返し読み聞かせていく中で、「どうして1人の小人のお皿から食べきってしまわなかったの？」という疑問が、子どもたちから出てきました。

　実は保育士は、そこに気づいてくれないかなぁと思いながら、読み聞かせをしていたのです。なので、気がついた子どもたちのことを、心の中で「さすが！」と思いながらも、「あー、ほんとだねえ。なんでかなあ」と一緒に悩みました。

　すると、ななちゃんが、「小人たちがお腹をすかせて帰ってきて、1人だけ食べるものがなかったら、かわいそうじゃない。白雪姫はそう思ったんじゃないかなぁ」とつぶやきました。みんな、なるほど！　とうなずきました。

　「7つのお皿から少しずつ食べた」などと、わざわざそんな説明を入れなくてもいいのに、あえて書いてある昔話、読んだ人に深いメッセージを送っているように思えます。読み聞かせを聞いた子どもたちが、ちゃんとメッセージを受け取っていることがとても素敵で、保育士はうれしくてなりませんでした。

仲間のベッドで1時間ずつ眠るのはなぜ？

　「よく気がついたね」とほめると、今度はこうたくんが得意げに、別の箇所への疑問を口にしました。

　小人のベッドは7つ並んでいますが、そのうちの1つのベッドで眠ってしまった白雪姫を、小人たちは起こさずにそのまま寝かしてあげることにしました。そして、「白雪姫のために寝場所をなくした小人は、1時間ずつ、仲間のベッドで寝た」と書かれています。それについてこうたくんが、「どうして、1時間ずつなの？」と疑問に思ったのです。子どもたちは悩み、こたえはすぐには見つかりませんでした。

翌日になって、1人の子が、「ずっと同じ人のベッドで寝てたら、その人がきつくてかわいそうでしょ。だから1時間ずつ違うところで寝たんだよ」と言い出しました。それを聞いた他の子は、「白雪姫と似てるね」とつぶやきました。みんなで顔を見合わせ、うなずき合いました。保育士はその様子を見て、「白雪姫も小人も、やさしい気づかいのできる人だ」と、子どもたちはちゃんと感じ取っているんだなぁと思いました。

別の意見も出ました。「その小人はみんなと仲よしだから、みんなと寝たかったんじゃない？」と言うのです。思わず、みんなで笑ってしまいました。昔話の受け止め方、感じ方は、子どもによっていろいろです。それが正しい、間違っているというのではなく、こたえはその子によって違ってよいのだと実感しました。

ベッドは、どうやって作ろうか？

そんな素敵な発見を、ぜひとも劇の中で演じたくなった子どもたち。さっそく7つのベッドを作る相談をはじめたのですが、「どうやって作る？」「段ボールがいい？」「でもつぶれちゃうよ」「舞台には置く場所がないよ」……と、すっかり困ってしまいました。「そうだ！　紙に描けばいいよ」「いいね。でも、その上に寝たら切れちゃうよ」「うーん」……。

そんな時、「貼ればいいよ」と言い出した子がいました。「貼る？」？？？　なんと、それは、「紙に描いた7つのベッドを壁に貼り、上から見ているような設定にする」というアイデアだったのです。子どもたちは、見立て遊びの天才だと思いました。

みんなで協力して7つのベッドを描き上げ、壁に貼りました。そして、白雪姫と7人の小人役の子どもたちは、ベッドの絵の前に立ちました。ただ立っているのではなく、横向きだったり、大の字だったり、寝相が悪かったり……そのリアルな表現に、舞台の下から見ていた保育士は大笑いしてしまいました。

保護者には事前に、「昔話の意味」や「子どもたちの大事な発見」を手紙で伝えてあったので、発表会当日は、話題になった場面に、特に注目が集まりました。子どもたちはちょっとおもしろく、そして真剣に演じていて、その姿がとても頼もしく見えました。

> エピソード⑤
> # 『したきりすずめ』のウォークラリー
> 保育士もわくわく劇づくり

発表会も楽しく取り組みたい

その年、T保育所の発表会では、『したきりすずめ』のお話を、年長児が発表することになりました。

……すずめのちょんこが洗濯のりをなめたことに怒ったばあさまは、ちょんこの舌を切り、それきり、ちょんこはいなくなってしまいました。じいさまはちょんこを探しに出かけますが、途中で会った馬洗いどんに、「馬の小便を三杯飲んだら、ちょんこの行き先を教えてやる」と言われます。飲み干すと、「この先に牛洗いどんがいるから、そこで聞くように」と言われますが、今度は牛洗いどんに、「牛の小便を三杯飲みきらなければ、教えるわけにはいかない」と言われてしまいます。それでもじいさまはあきらめず、牛の小便を飲んで、行き先を教えてもらい、やっとちょんこに会うことができました。最後はおもてなしを受け、つづらをもらって村に帰っていきました。……

このお話を聞いた子どもたちは、さっそく担任保育士と一緒に、ちょんこがいなくなって悲しむじいさまの表現に悩んだり、おもてなしのすずめの踊りを考えたり、毎日一生懸命練習していました。順調に進んでいるように見えましたが、年長クラスとして本番までにしっかり仕上げなければと、大きなプレッシャーを感じている様子もうかがえました。

そこで、年長児クラスを盛り上げたい気持ちから、クラスの枠をこえて保育所全体

で「なんとか子どもたちがわくわくウキウキしながら楽しく取り組める方法はないものだろうか……」と考え合い、作戦を立て、T保育所版「したきりすずめ」物語がつくられることになったのです。
　……それは、保育所に一通の手紙が届いたところからはじまりました。

ちょんこからの手紙

　宛名には「Tほいくしょのこどもたちへ」とあり、見たこともない"どんぐりの切手"が貼ってある不思議な手紙です。裏を見ると、「たけやぶむら　すずめのおやど100ばんち　ちょんこより」と書いてありました。それはもちろん、仕掛け人の保育士が用意した手紙ですが、見せられた子どもたちは大興奮。「早くあけてよ！」「何が書いてあるかな？」と大騒ぎになりました。子どもたちの反応に、保育士もわくわくしていました。

「クラス便り」より

「Tほいくしょのおともだち、はじめまして。わたしはすずめのおやどのちょんこです。じつは、わたしのなかよしのおともだちのめじろくんがいなくなってしまいました。おじいさんもさがしてくれたけど、みつかりません。Tほいくしょのおともだち、どうかめじろくんをさがしてください。よろしくおねがいします。ちょんこより」

保育士が読んで聞かせると、「よおし！　探しに行くぞ！」と大はりきりの子どもたちでしたが、「でも、めじろって、何？」と、最初からつまずいてしまいました。「犬？」「ねこ？」……「ちょんこの友だちだから、鳥だよ」……「そうかあ」「でも、どんな鳥？」……。

　みんなが困っていると、「くちばしがあって、はねは黒っぽいんだよ」と、あんちゃんが説明しはじめました。「体は、緑みたいな、茶色みたいな」。あんちゃんはめじろを見たことがあって、おじいちゃんに教えてもらったそうなのです。みんなで図鑑で確かめ、「よし、行くぞ！」と、めじろくん探しに出発することにしました。

おばあちゃんが差し出す"緑色の液体"

　まずは、保育所を出たいつもの散歩コースから探してみることになり、いつも声をかけてくれる食堂のおばあちゃんに尋ねてみました。「おばあちゃん、あのね！　すずめのちょんこの友だちのめじろくんがいなくなって……」「手紙がきたんだよ！」と、子どもたちは競い合うように、おばあちゃんに説明しました。「めじろくんを見なかった？」という質問に、おばあちゃんは、「ああ見たよ。だが、これを全部飲まなくちゃ教えるわけにはいかないね」と言って、緑っぽい液体を差し出したのです。

　もちろん、このおばあちゃんも仕掛け人の一人で、事前にお願いにあがった時、快く引き受けてくれました。緑っぽい液体は、実はただのお茶だったのですが、おばあちゃんがまるで、馬洗いどんのように言うので、子どもたちは驚き、怪しげな液体を前に、「おしっこかなぁ」と匂いを嗅いだり、なめたり……。どうやら大丈夫と思った子どもたちは、次々に飲み干しましたが、小さい滋くんだけは、なかなか飲めません。「滋くんがんばれ」「もう少しだよ」「ゆっくりでいいからね」という友だちの励ましに、やっと飲むことができました。みんなで「やったー」と拍手。滋くんも本当にうれしそうでした。そして約束通りおばあちゃんは、「この先に、えりちゃんのおばあちゃんがいるから、そこで聞いてごらん」と教えてくれました。

そこからは、えりちゃんが道案内役で大はりきりです。でも、他の子どもたちは、「次は何を飲むんだろう？」と、期待と不安が入り混じった感じでした。

次々に課題が
　えりちゃんのおばあちゃんの家では、「めじろくん？　ああ、見たよ。だが、問題にこたえられなければ教えるわけにはいかないね」と言われました。「ちょんこは、どうして舌を切られてしまったのでしょう？」。これには、みんな自信たっぷりに、「洗濯のりなめちゃったから」とこたえました。「正解！　じゃあ次は、この先の床屋さんのおじいちゃんに聞いてごらん」と教えてくれました。「そこなら、近道があるよ」と教えてくれたのは、床屋のおじいちゃんの孫のあんちゃん。ふだんの散歩では通らない道でした。
　床屋のおじいちゃんに尋ねると、「ああ、めじろくん、見た見た。知ってる知ってる」とのこたえ。でも今度は、「踊りを踊ってくれなければ、教えてやるわけにはいかないな」と言うのです。「どうしよう」「何の踊りにしようか？」「"すずめの踊り"にしよう」。"すずめの踊り"は、『したきりすずめ』の発表会用に練習している踊りです。床屋さんの駐車場で、保育士は持参したＣＤラジカセで曲を流しはじめました。疑うよりも、ノリノリで踊りはじめる子どもたち。あまりに見事な踊りに、途中からおじいちゃんも、見よう見まねで一緒に踊ってくれました。まるですずめのお宿

満足げなおじいちゃんは（もちろん）2番を一緒に踊ってくれました "ヨーコラコラ"（気が良いおじいちゃんだもん）

そして「この先を行くと信号がある そこを渡って まっすぐ行くと 右にすてきな家がある そこを さがしてごらん」

「クラス便り」より

でのおもてなしの席で喜んでいるじいさまのようで、子どもたちは大喜びでした。

めじろくん、見つけた！

おじいちゃんにお礼を言い、教えてもらった道を進んでいくと、途中で、空を飛ぶ鳥を見つけました。子どもたちは、「めじろくんかな？」「あれはすずめくんだね」と話しながら、進みました。

おじいちゃんが教えてくれたのは、滋くんの家でした。でも、滋くんのお母さんに「知らない」と言われ、とうとう手がかりがなくなったかと、子どもたちはがっかり。しかし、もちろん、滋くんのお母さんも仕掛け人の一人です。「一緒に探してあげるよ」と言ってくれました。子どもたちは気を取り直し、滋くんの庭のまわりを探すと、めじろが入った鳥かごが見つかりました。そおっと、鳥かごのまわりに集まる子どもたち。じーっと見入りながら、「めじろだ」「きれいだね」「かわいい」などとささやいていました。

ところが、しばらくして子どもたちは、「きっと心配してるから、ちょんこに知らせなくちゃ」「ちょんこのところに、とどけなくちゃ」と言いはじめました。想定外の子どもたちの言葉に、保育士はちょっとあわてました。しかし、機転をきかせた滋くんのお母さんが、「ちょんこには、私が知らせてあげますよ」と言ってくれたので、ひとまず、めじろが入った鳥かごを、保育所に持ち帰ることにしました。

帰り道、子どもたちから、「途中で教えてくれた人たちにも、報告とお礼がしたい」という声があがりました。これも保育士の計画にはなかった展開でした。「いたよ。ありがとう」という子どもたちの笑顔に、仕掛け人のみなさんは、「よかったね」と笑顔でこたえてくれました。

すずめのお宿からの贈り物

保育所に戻り、留守番をしていた所長先生や主任先生に、「見つかったよ」と、め

じろが入った鳥かごを見せました。すると、最後の仕掛け人である所長先生が、「さっきね、100羽のすずめが運んできたよ」と言いました。指さす方を見てみると、大きなつづらと小さなつづらが置いてあります。葉っぱの手紙がついていて、そこには、「めじろくんを見つけてくれてありがとう」「すずめのお宿に遊びにきてね」「これはお礼です」と書かれていました。もちろん、子どもたちが選んだのは、小さなつづら。フタを開けると、中からすずめの作ったおだんごが出てきました。みんなでほっこり、おいしくいただきました。

その日の職員会議は、子どもたちのいきいきとした発言やエピソードの話で盛り上がりました。一番満足して、温かい気持ちになったのは、保育士たちかもしれません。

その日を境に、子どもたちの『したきりすずめ』の劇の練習に変化が出てきました。がんばって練習をしていた子どもたちが、自ら練習を楽しんでいる様子に変わっていったのです。ちょんこがいなくなって悲しむじいさまの表現は、自然と悲しむ表情に変わり、おもてなしのすずめの踊りは、床屋のおじいちゃんが踊ってくれたようにいきいきと楽しそうに踊っていました。そして、何よりも、子どもたちの表情は自信に満ちているようでした。

大人から見れば非現実的な"うそ"の世界でも、子どもたちは自分の頭で考えながら世界を広げていき、リアルに心を動かしながら、物語を自分のものにしていくのですね。発表会当日、子どもたちは、迫真の演技を見せてくれました。

そして、あの陰の立役者である地域の人たちが、子どもたちの姿を見に来てくれました。子どもたちの演じる姿を見ながら、自分の役者ぶりを重ねていたのでしょうか。子どもたちを応援できたことへの喜びでしょうか、見ている姿にも誇らしさと愛情があふれているようでした。舞台の上の子どもたちと舞台の下のお客様が心を通わせて、温かい空気が流れていることをとても心地よく感じる保育士たちでした。

エピソード⑥
ザリガニが広げるつながりの輪
子どもの興味に寄り添い発展させる

　日々の保育の中で、子どもたちが興味を持ったことをそのままにしておけば、子どものその場のつぶやきだけで終わることもあるでしょう。しかし、子どもたちの気づきを「すごいことだ」と保育士が受け止めていくと、豊かな保育活動に発展していくことがあります。そばにいる保育士の応援は、子どもたちの遊び（保育活動）に向かう意欲を高めることでしょう。実現に向けて保育士は、子どもと一緒に悩んだり考えたり、時には、リーダーシップをとる"ガキ大将"になってみせればいいのです。その過程は、子どもたちと保育士の育ち合いの場であり、楽しみの場なのです。

たけしくんが持ってきたザリガニ
　A保育所の年長児のたけしくんは、みんながきっと驚くぞと得意そうに、もらったザリガニを数匹を持ってきました。子どもたちは、飼育ケースの取り合いがはじまるかと思うほど集まってきて、ザリガニに見入っています。

　ザリガニにさわりたくて手を近づける子もいますが、はさみを振り上げるので、なかなかさわることができません。けれども、何度も何度も挑戦しています。「このチビは、動きが早いから危ないな」「こっちの大きいのは、のんびり動くから、つかまえても平気だよ」。友だち同士で気づいたことの情報交換をしながら、つかまえる挑戦を続けています。こわがっている友だちには、つかまえ方のコツを伝授しています。そのうちに、小さい組の子たちものぞきにきて、教え合いの輪はどんどん広がっていきました。

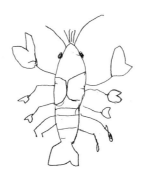

本物の力
左：飼う前に描いたザリガニの絵
右：飼いはじめてから、観察したり調べたりしたあとに描いたザリガニの絵

「クラス便り」より

エピソード

ザリガニのえさはチョコレート？

　ザリガニへの興味が高まると、飼育ケースの中だけでなく、「もっとつかまえたい」「どこにいるんだろう？」とザリガニのいる場所が知りたくなりました。保育所から離れた神社のお堀にザリガニがいると聞いた子どもたちは、つかまえに行く計画を立てることにしました。

　「つかまえるのに、水の中に入るの？」「深いかも」。手でつかまえる経験をたくさんしたからでしょう。「網ですくえばいいよ」などと考えをめぐらしていました。保育士が、小さいころやったことを思い出しながら「ザリガニつりは……」と言うと、「ザリガニつり？」「ザリガニつるの～。やるやる！」と大騒ぎになりました。しかし子どもたちに聞いてみると、やったことがあるという子は一人もいません。そこで保育士のほうで、昔の経験を生かし、棒をつり竿にして、それにたこ糸をつけたものを用意して見せました。それを見た子どもたちは、「これでつるぞ！」と大はりきり。ところが、「えさに何をつけたらいいと思う？」と問いかけてみると、みんな考え込んでしまいました。

　まず最初に出てきたこたえは、「ザリガニのえさ」。次に出てきたのは「バナナ」。その後、「チョコレート」「トマト」などなど、驚きのこたえが。「ねぇ、ねぇ。そ

れって自分たちが食べたいものじゃない？」と笑ってしまいましたが、「違うよ」とは言いませんでした。そしてその場では、あえて「いったい何をえさにすればいいんだろう？」という疑問のままにしておきました。

家に帰った子どもたちは、お堀にザリガニつりに行くことを、得意げに家の人に話し、そして、「えさは何にすればいいの？」と尋ねました。その問いをきっかけに、家族会議で意見が飛び交ったり、田舎のおじいちゃんに電話で聞いたりと、家族のコミュニケーションが花ひらいたようです。

次の日、子どもたちは、それぞれの"こたえ"を持ち寄りました。「あのね、するめだって。父さんが教えてくれた」「田舎のおじいちゃんは、ヒキガエルの肉だって言ってたけど」「えーっ、カエル？ 気持ち悪い！」「家のじいちゃんは、ザリガニむいて、えさにするんだって」「かわいそう。でも、ザリガニがザリガニを食べるわけないじゃん」「でも、じいちゃんはそう言ってたよ」……。

朝から情報交換でわいわい、がやがや。とてもにぎやかですが、みんな真剣でした。話し合いの結果、家の人からの情報と共に、最初に出た子どもたち自身のアイデアを合わせ、えさ候補は、するめ、バナナ、チョコレート、トマトに決定しました。ヒキガエルは見つからないのであきらめ、ザリガニのむき身もかわいそうだからやめることになりました。

エピソード

神社のお堀で決着

神社のお堀までは、けっこう距離があります。歩けるかな？ と心配しましたが、「早くザリガニをつりたい！」という子どもたちのパワーは想像以上で、予定より早く到着しました。お堀をのぞき込みながら、「ザリガニ、いた！」「こっちにも！」と大騒ぎの子どもたち。さっそく、するめ・バナナ・チョコレート・トマトという4種類のえさでつりはじめました。

つれた！ つれない！ という格闘の末、保育士の予想通り、するめはつれ、チョ

コとトマトは残念な結果に。ところが、バナナはつれたのです。「ザリガニって、甘いものが好きなのかなあ？」と、意外な結果に保育士もびっくりでした（あとで調べてみたら、ザリガニは白いものに向かっていく習性があることがわかりました。きっと、そのせいだったのでしょう）。

　子どもたちはわいわい、がやがや、つり糸を垂れては上げてを繰り返しました。しばらくして、ザリガニも警戒したのか、次第につれなくなってきたころ、保育士は迷いましたが、「えい、やっちゃえ」とつかまえた1匹のザリガニを、思い切ってむき身にしました。「先生、何やってるの。かわいそう」という声が、子どもたちからあがりました。話し合いでは、むき身はかわいそうだからやめることになっていたのですから、なおさらです。その時保育士は、むき身で本当につれるかを確かめ、子どもたちに教えようとしたのではありません。子どもたちの目の前でむき身でたくさんつり上げて、子どもたちを驚かせ喜ばせたかったのと、いつの間にか子ども時代に戻ったように、自分も楽しみ、すごいところを見せてやりたくなったのです。

　いざ、むき身のえさをつけた竿を垂らすと、びっくり。たくさんのザリガニが、一気に群がりました。そして竿を上げると、いっぺんに5、6匹がつながってつれたのです。子どもたちは目をまん丸くして、「すげー」「じいちゃんが言ってたこと、ほんとだ」と興奮しました。そして、「ぼくにもやらせて」と、ザリガニのむき身つきの竿で挑戦し、その結果、全部で134匹のザリガニがつれたのでした。

　持ち帰ったザリガニは、みんなで分けたり、クラスで飼うことになりました。もちろん、年少組にも分けました。むき身にしたところを見せてしまいましたが、家でも、クラスでも、今まで以上に大切に飼われるようになりました。「ザリガニは、同じザリガニのことも食べちゃうんだよ」「だから、食べられないように、こいつとこいつは違うケースで飼ったほうがいいよね」と、"共食い"を知った子どもたちは、どうしたら命を守れるか、一生懸命考えていました。

エピソード⑦
カイコの命と向き合う
小さな生き物と共に育つ子どもたち

　1歳の大輔くんは窓をじーっと眺めて、「あーあー」と指さし、保育士に何やら訴えています。指さした方向を見ると、ガラス窓と網戸の間に入り込んだ小さなクモがいました。子どもたちは、こんな小さな生き物との出会いにも目を輝かせます。この子どもの目の輝きを、保育の中で生かさないのはもったいないことです。飼育活動は、生き物の生態や飼育の方法だけでなく、「生きていくうえで大切なこと」を身をもって体験して学ぶ、絶好のチャンスではないでしょうか。

はじめての出会い

　ある日、I保育所に、見たこともない虫がやってきました。お菓子の空き箱の中に、2センチほどの小さな白い虫が、うじゃうじゃとうごめいています。のぞき込み、「わっ、なんだこれ！」と、あとずさりする子どもたち。「気持ち悪い」と逃げ回るお母さん。「なつかしいなぁ」と見入るおじいちゃん。

　実は、やってきたのはカイコでした。保育士はカイコを育てることを通して、子どもたちにたくさんの発見をしてもらいたいと思い、飼育活動を計画したのです。

　見慣れない姿に、子どもも大人も、カイコのまわりでゴタゴタ、がやがや、近づいたり、離れたり。そんなことはよそに、カイコは黙々と葉っぱを食べ続けています。カイコとの出会いに、みんなの反応はさまざまでしたが、その反響の大きさに、今後の飼育活動への期待がふくらみました。

桑の葉取り隊

「わあ、きのうより大きくなってる！」。カイコの成長に気づいて、うれしそうな子どもたち。登所すると、まずはカイコの様子を見に行くことから、一日がはじまるようになりました。

「葉っぱを、毎日もりもり食べているからだよね」。カイコはとれたての桑の葉しか食べないので、桑の葉集めは大変な仕事です。散歩の途中で、ご近所の庭の脇に生えている桑を見つけたりすると、年長児がみんなをリードしながら、お願いします。「こんにちは。Ｉ保育所ですけど、カイコにあげたいので、この桑を分けてもらっていいですか？」。すると、ご近所さんは、「どうぞ、どうぞ、たくさん持っていきな」と、わざわざはさみを持って出てきて、取ってくれたりしました。また、孫のためにと、山まで行ってりっぱな桑を取ってきて、わざわざ保育所に届けてくれたおじいちゃんもいました。

いつの間にか、"桑の葉取り隊"ができ、葉っぱがなくなると、数名、異年齢の子どもたちが群がり、チームをつくって保育士と共に葉っぱ取りに出かけるのです。完璧に桑の葉を見極めることができるようになった子どもたち。時々、口のまわりを真っ赤にして帰ってくることがありました。桑の実を食べたり、木いちごを食べたり……。桑の葉取りで、時々得をしました。

えさやりの他に、ウンチの掃除も毎日大変です。でも、桑の葉しか食べないカイコのウンチはあまり臭くないし、さわると手がすべすべになるので、子どもたちは掃除したあとのウンチを捨てないで、大事に箱に入れて集めていました。「カイコが大きくなったら、ウンチも大きくなったね」と気づく子どもたち。

生き物の世話をするというのは大変です。しかし子どもたちは、命を育むことの責任を感じながら、心をこめて世話を続け、カイコへの愛情は日に日に大きくなっていきました。

2 子どもたちの底力が花ひらく活動・行事

"脱皮"に大騒ぎ

毎日カイコの世話をしていると、今まで知らなかったことに、たくさん気づきます。その一つが"脱皮"でした。

ある日、急に、カイコが桑の葉っぱを食べなくなりました。「病気かな」「どうしたんだろう？」と心配して見守っていると、次の日には、カイコは頭を持ち上げたまま動かなくなってしまいました。「やっぱり、変だよ」と、子どもたちは心配そう。そんな中でも、「先生、見て、見て！ カイコみたいにできるよ」と言いながら、背筋ポーズでカイコのまねをする子がいます。動かなくなったカイコを見つめすぎたのか、「先生、カイコが私をじーっと見てるの」と、勘違いする子もいます。そんな子どもたちの個性豊かなかわいらしい反応に、保育士は思わず笑ってしまいました。

保育士は、子どもたちを集めて、「それは"みん"と言って、これから脱皮がはじまるんだよ」と話しました。「だっぴって、何？」と子どもたち。「カイコさんは、体が大きくなったでしょう。だから、小さくなった服を脱ぐんだよ。皮を脱ぐの」と説明すると、子どもたちは興味津々です。

「クラス便り」より

エピソード

エピソード

　実際の脱皮は10〜15分ぐらいで終わってしまうので、タイミングが合わないと、なかなか見ることができません。最初の脱皮の時は、次の日の朝、保育所に来たら、すでに脱皮が終わって、皮があっちこっちに脱ぎ捨ててありました。残念！「見られたらすごいね」と保育士が何度か言うと、"脱皮を見ることができたすごい人"になりたいと思ったのか、カイコの様子をたえず気にする子もいました。

　そんなある日、昼寝がはじまるころに、一人の子が「あっ、だっぴ?!」と声をあげました。「どこ、どこ？」。ワッと走り寄り、息をのんで見入る子どもたち。古い皮をたぐり寄せたように脱ぎ、そこからカイコの体が半分ぐらい出ていました。皮から抜け出そうと、体を左右に振ってもがいています。保育士が「脱皮は大変なんだよ。うまくできないと、死んでしまうこともあるんだよ」と言うと、「がんばれ、がんばれ」「あと少し」とつぶやく子どもたち。"脱皮"を終えたカイコに、子どもたちは、「えらかったね」と拍手をしていました。

マユ作りに感動

　ある日、"まぶし"（カイコがマユを作るための枠）をかけました。そして、葉っぱを食べなくなりアメ色に変わったカイコを、まぶしにのせていきます。「何これ？」「カイコのお家なの？」と、またしても初体験の事態に、子どもたちの目が輝きました。ここでくわしく説明してもいいのですが、保育士としては、マユ作りを発見した時の子どもたちの感動が楽しみだったので、あえて説明はしないでおきました。

　翌日、「キャー、先生、大変だ！」と、さやちゃんが報告にやってきました。保育士は、「やった！　マユ作りを発見して、感動したんだな」と思いました。ところがさやちゃんは、「先生！　カイコがかわいそう！　助けてあげて！」と訴えるのです。何事かと思って見に行くと、やはりマユ作りがはじまっていました。しかし、その様子を見たさやちゃんは、「先生！　カイコが糸の中に閉じこめられちゃった。出してあげて」と言いました。そんなふうに見えたのですね。さやちゃんはやさしいな

あと思いました。

　さやちゃんは心配しながらも、じっとカイコを見ています。そして、「ああ、カイコの口から糸が出てる。すご〜い」と言いました。さやちゃんだけでなく、糸を出しているカイコに見入り、感動する子どもたち。「大事なカイコは、この中にいるんだね」と、そっと、マユをさわっていました。

みどりちゃんとカイコ

　みどりちゃんはこれまで、保育所で自分の気持ちを話すことが、ほとんどありませんでした。ところがある日、家に帰ってお母さんに、「お友だちはカイコにさわれるのに、自分はこわくてさわることができない。さわれるようになりたい」と言ったそうです。家に帰ってから、「カイコがさわりたいから、もう一度保育所に行きたい」と泣くことさえありました。そんな話をお母さんから聞き、みどりちゃんの気持ちを知ってうれしくなりました。

　話を聞いた翌日、さわる気はまんまんなのに、こわくて震えているみどりちゃんの手のひらに、1匹のカイコをのせた桑の葉を、そっとのせてあげました。みどりちゃんは目をパチパチさせ、少し緊張していましたが、いやがることなく、手にのっている感触を味わっています。「すごい。みどりちゃんの手の上にのってるね」と喜ぶと、みどりちゃんの緊張した表情が次第にゆるんできたので、桑の葉をそっとどけ、直接カイコを手にのせてあげました。ちゃんと自分の手にのっているカイコを見て、みどりちゃんは思わずにっこり。とても素敵な笑顔でした。そして、さわれたことが本当にうれしかったようです。

　それからのみどりちゃんは、毎日カイコを見ては、保育士が気づかなかった小さな発見を教えに来てくれるようになりました。「このカイコ、他のと、目みたいな模様が違っているよ」とみどりちゃん。「ああ、本当だ！」と保育士。「みどりちゃん、すごいね」とみんなが共感してくれることで、ますますはりきるみどりちゃんです。そ

エピソード

エピソード

> **不思議な力**
> 子ども達はたくさんの気づきをしてきましたが それだけではないのです 4、5月というと 子ども達は新しい環境に戸惑ったり不安もあり ちょっと心の中がごたごたしてしまうことがあり 朝ぐずってしまうなど 様々な表現をしてきます。そんな時 カイコが 葉をどんどん食べる姿を見て ピタッと泣くのをやめて じっと見つめて 落ち着くことがあるのです。生きてるってすごい！ 生命力を感じながら カイコから 元気をもらうのかもしれませんね。
>
> *長いお手紙におつき合い下さりありがとうございます*

「クラス便り」より

して、そのことをきっかけにみどりちゃんは、カイコのことだけでなく、保育所の生活の中でたくさんのことに気づいたり、思ったことを伝えたり、意欲的になっていきました。みどりちゃんの中に、こんなにたくさんのことを感じる力があったんだと知り、すごくうれしくなりました。

大きな問題にぶつかる

　いろいろなことに気づきながら、こんなふうに大事に育ててきたカイコ。マユの中でさなぎになり、その後は蛾になって出てくることもわかったので、毎日、楽しみにしていました。また、カイコが糸を吐いて作ったマユ玉で、糸取りをしたり、人形作りなどができることも、保育士と調べてわかりました。「作りたい！」「やりたいよね」と意欲満々の子どもたち。

　ところが、さなぎから蛾になって出てくると、マユを汚して穴を開けてしまうので、マユを使うためには、乾燥させてさなぎを殺してしまわなければならないことも

わかってきました。「どうしよう」……。子どもたちから、いろいろな意見が出てきました。「大切に育てたのだから、殺しちゃだめ」「蛾になるまで育てたい」という声があがる一方で、何人かの子は「まゆを使って作りたい」と言いました。すると、「かわいそうでしょ」と泣き出す子がいたり、脇から「人形作るんだから、しょうがないでしょ」と言う子がいたりで、意見はまとまりません。

　子どもたちだけではなく、保育士も悩みました。命の大切さを学ばせたいのだとしたら、「かわいそうだから、殺しちゃだめ」という子どもたちの意見を取り上げることも考えられます。しかし、それで本当に、命の尊さを教えていくことになるのでしょうか？　人間が生きていく（生活していく）ということと、そういう死の場面とは本来、切り離すことができないものです。本当の昔話の残酷さに意味があるように、子どもたちが死の場面に出会うことにも意味があり、それはとても尊いことなのではないかと思います。昔の人が生き物を飼ったのは、ただかわいいからではなく、生活していくために必要だったからです。だからと言って、昔の人が命を粗末にしていたわけではありません。生活に必要だったからこそ、日々の生活の中で、命の尊さを心に刻んでいたのではないでしょうか。

死を見つめる子どもたち

　子どもたちの葛藤は続き、毎日のように話し合いますが、さなぎが死んでしまうことに、どうしても納得がいきません。一人ひとりの気持ちを大事にしたいと思っていた保育士は、子どもたちが納得するまで、マユの乾燥は待つことにしました。

　ある日の給食の時間、保育士は、「いつも、当たり前のように食べている食事だけど、すべて命があったんだよ」ということを話しました。「お魚は、海で泳いでいたんだよ」「お肉は、豚さん、牛さん、にわとりさん」。一つずつおかずをつまんで、「野菜も生きていたね」。すると、話を聞いていたひなたちゃんがうつむいて、青くなってしまいました。自分がひどいことをしているように思ってしまったようです。

その様子を見た保育士は、一瞬、話をしたのは間違っていたかと迷いました。でも、すぐに思い直し、ひなたちゃんやみんなに、最後まで話を聞いてもらうことにしました。「一つひとつの命を食べて、私たちは命をもらっているんだね。だから、『いただきます』って言うんだよ。大事に食べることが、生きていた魚さんや豚さんたちに、ありがとうって言えることなんだね」。そんなふうにていねいに話していくと、ひなたちゃんやみんなの顔が笑顔に戻りました。そして、いつもより大きな声で「いただきます」とあいさつし、大きな口を開けて食べていた子どもたち。ありがとうの心が伝わってきました。

　その話をしてから、子どもたちは、「カイコも、命をいただいて糸を取らせてもらうんだね」「カイコにも、ありがとうなんだね」と言うようになり、5、6個のマユを残して、すべて乾燥することに納得しました。そうは言うものの、乾燥する時は、ちょっと涙。「カイコさん、ありがとう」とつぶやいている子もいました。子どもたちの中で、カイコの命は無駄になっていなかったようです。死を見つめることで、命の尊さをかみしめながら、ありがとうと感謝することができたのだと思います。

　涼しくなったころ、実際にマユから取った糸をつむぎ、ランプシェード作りの体験をしました。マユ人形も作りました。どちらも子どもたちの宝物になっています。

子どもたちの「生きる力」が発揮される時
　「どんなことがあっても、応援しているよ」「失敗しても大丈夫」「信じているよ」と支えてくれる存在がまわりにいることで、子どもは「自分は愛されている」と安心します。「生まれてきてよかった」という実感を積み重ねることで、人を信じられるようになるし、自分を信じられるようにもなるのです。「人と人とのつながり」の中に、子どもたちが本来の力を発揮できる源があると気づきました。人とのつながりの中で、生きているっておもしろいと感じられる体験を繰り返すことによって、子どもの本来持っている「生きる力」が呼び起こされるのだと思います。そして、今の不安の多い世の中でも、自分で自分の人生をしっかりつくっていけるようになるのだと思うのです。

Part III

大人も保育を楽しもう

大人が楽しいと子どももきっと楽しい

1

大人だって"がんばりたい"
保護者も保育士も元気になる子育て支援

エッセンス

　最近の保育園は、"子育て支援の拠点"としての重要性が強調されるようになってきました。保育士不足が深刻化し、発達が気になる子も増え、目の前の子どもたちをみるだけで手一杯なのに、よりよい子育て支援を考えていくのですから、本当に保育士の仕事はますます大変になってきています。

　お母さんたちの仲間づくりや育ち合いの場である子育て支援センターの開設、遊び場の提供や園児との交流ができる園庭開放、お母さんのリフレッシュや困った時にはいつでも子どもを預けられる一時保育等、これまでの保育園の役割を大きくこえて、さまざまなことに私たち保育士は取り組んできました。子育て支援は"保護者支援"であり、親が元気になることが、子どもの幸せにつながると考えてきたからです。

　しかし、そうは言っても、環境の提供はできても、保護者の心の奥にあるつらさや不安な気持ちを心から支えることは、子どもの気持ちを支えることよりも、むずかしいことがあります。実際、保育現場でお母さんからの困った要望や意見にぶつかった時、私たち保育士の気持ちが折れそうになることがあるからです。「この子が不安定なのは、お母さんがあんなふうだからだ」とつい愚痴をこぼしたくなってしまうこともあるでしょう。「お母さんを支えたい」「お母さんに元気になってほしい」と心から願ってがんばっているのに、こんなことではダメではないかと、悩んだり、迷っていたりすることが多いのではないでしょうか？

そこでこの節では、保育士が悩みながらも、まわりから支えられることで自分の見方が変わり、そうやって気持ちのあり方が変わっていったことで、苦しんでいるお母さんも、がんばっている保育士自身も、どちらも元気になれたというエピソードをご紹介したいと思います。そこでは、次のようなことが大切にされていました。

多面的な視点から保護者の"本当の願い"を探る
子育て支援で大切にしたい4つの保育のエッセンス

❶ 自分で抱えず相談する
──自分の感情に巻き込まれないと、大事なことが見えてくる

保護者が感情的に言ってくると、私たちもつい、感情的になってしまうことがあります。しかし、相手の立場に立って見つめ直してみると、当たり前と思っていたことが、違う景色に見えてきたりするものです。視点を変えてみると、困った要望と思われる内容の中から、私たちの保育の課題が見つかることもあるのです。

視点を変えるためには、問題が起きた時に即答するより、一人で抱えないで、職員全体で考える時間を持つほうがよい結果を生むことが多いようです。あせって解決しようとすると自分の感情に巻き込まれ、ごり押ししがちになります。しかし、保育士自身の気持ちを仲間に聞いてもらうと、落ち着くことができ、自分の感情だけで先走らないようになれるのです。

また、他の人から"外側から見た景色"を伝えてもらうことで、視野が広がり、当事者からは見えにくかった問題の根本が見えてくることもあります。

すぐに会議が持てない時は、自分の感情を落ち着けるために、保護者との会話を振り返りメモを書くことも有効な方法だと思います。メモを書きながら自分自身の気持ちが整理できてくると、会議をする際、視点をわかりやすく他の人に伝えられたり、人の意見を受け取りやすくなるからです。

❷ 保護者の話を大事に聞く
──保護者の怒りの感情をも大切にすると、保護者自身が変わってくる

保護者の話を大事に聞くというのは、一語一句間違わないように、要求を理解することと

は違います。もちろん、そういうことも必要ですが、ここでいう保護者の話を大切に聞くということは、たとえ怒っていても、どんな保護者の姿でも、大事にして、話を聞くということです。

　保護者は、保育士に大事に話を聞いてもらうことで安心し、次第に落ち着いていきます。すると、はじめに言ってきた要求が少しずつ変化してくることがあるのです。

　あるお母さんの場合は、はじめは「担任のここがいやだ」と怒っていたのですが、話を聞いているうちに、「担任は自分のことが好きではないのだと感じてしまう」と話が変化していきました。お母さんは「担任と本当はうまくやっていきたいのに、うまくいっていないことが不安だった」ということがわかってきました。そうなると、受け取る側もお母さんに歩み寄りやすくなります。

❸ 保護者の本当の気持ちに気づく
　　——**怒りの裏にある本当の気持ちがわかると、保護者にグッと近づける**

　保護者の怒りの気持ちには、だれかと必死でつながろうとする気持ちや、自分自身の幼い時の気持ちが隠れていたりします。

　怒りの裏に隠れている、そのお母さんなりの"真剣なホンネ"や"切実な願い"——仕事への不安だったり、親としての自信のなさだったり、がんばりすぎている苦しさだったり……。実は、怒りの姿は"見せかけの姿"で、お母さんの心の中は、怒りではなく、さびしさやこわさ、悲しみ、孤独感でいっぱいだったりするのです。そこには、お母さんが一生懸命生きてきた人生があるのです。

　"見せかけの姿"に目がくらんでしまいそうになりますが、隠れた気持ちが見えてくると、保育士も目の前のかすみがとれ、一気に晴れた気持ちになれ、不思議とお母さんがいとおしく思えるのです。保育士と保護者という関係性をこえて、人間同士のつながりが感じられる瞬間なのかもしれません。

❹ 自分の自尊心を高める
　　——**保護者に対する"見方"を変えるためには、自分の"味方"になる**

　心の奥にある"真剣なホンネ"や"切実な願い"、そのお母さん本来の素敵な姿が見えているということは、お母さんに信頼を置いているということなので、そのことがどこかでお

エッセンス

母さん本人に伝わり、お母さんとの関係が揺らがないでいられるようになっていきます。

とはいっても、このように、保護者の素敵な姿が見えるようになるためには、どうすればよいでしょうか？　それには、自分自身の素敵なところに目を向けられるようになること、自分でいいんだと思えることだと、私は最近ようやく実感してきました。

私たち保育士も、保護者と同じように、大変さを抱えながら、日々がんばっています。ですから、保護者の大変さや苦しさを受け止める時、無意識の中で、「私だって」とうずいてしまうのです。そういう自分自身の気持ちも無視しないで、大切にしてあげたいですね。「大変だったね」「よくやってきたね」「さびしかったね」「不安だったね」と自分に声をかけてあげてください。

自分ではなかなか自分自身が認められないとしたら、せっかく保育所というひとつのお家にいるのですから、仲間の力を借りて、自分をもっと認められるようになれたらいいですね。上手にできたことをほめ合い、失敗した時は「失敗した」と正直に言える関係でありたいものです。それは甘い職場ということではなく、安心できる関係を土台に自分の存在価値をお互いに見出すことにより、誇らしい自分になれる場所ということなんだと思います。

エッセンス

エピソード①
お母さんのこと特別扱いするよ！
涙の担任を支えながら信頼関係を築く

靴の"汚れ"で苦情

　朝の登園の時のことです。4歳児クラスのかんちゃんのお母さんが、「昨日、子どもの靴が汚れて帰ってきた！」と、担任の京子先生に強い口調で言ってきました。

　保育園では、子どもたちにのびのびと活動してほしいという思いから、ふだんからお家の方に、「汚れても大丈夫な服装で」とお願いしてあります。ですから担任としては、「靴が汚れたぐらいで！」と言いたくもなるし、「じゃあ、お子さんだけ、靴が汚れないようにさせますから！」とも言いたくなってしまいます。でも、京子先生は、とりあえずお母さんの話を聞くことに専念しました。

　お母さんが帰ったあと、他の先生方に相談してみると、「4歳児クラスは、このところ畑仕事をやっているので、そのせいかな」と言われ、なるほど！　と気づきました。でも、かんちゃんだけ、のびのびとした活動が制限されてしまうのはかわいそう。そのことを、夕方お迎えに来たお母さんに説明すると、「じゃあ、そういう時は、事前に連絡してください。長靴を持たせますから」ということになりました。かんちゃんのお母さんが言うには、洗い替えの靴がないので、靴を洗っても乾かないからとのことでした。

じゃあどうしたらいいの？　途方にくれる担任

　しかしある日、近所の農家の方から野菜の苗が届き、急きょ、畑仕事をすることになりました。突然のことで長靴の用意がないかんちゃんには、靴が汚れないような場

所を選んで、そこでやってもらうことにしました。

ところが、夕方お迎えに来たお母さんに、その日の出来事を説明すると、「事前に伝えてくれると言ったじゃない！　うちの子がかわいそう！」と怒り出したのです。急な事情をいくら説明しても、「うちの子だけ特別扱いにして！」と、怒りがおさまりません。

京子先生はグッとこらえながら、お母さんの話を聞いていました。しかし、お母さんが帰ったあと、思わず涙があふれました。自分としては、お母さんの気持ちに配慮しながら、同時にかんちゃんののびのびとした活動にも配慮し、うまく工夫ができたと思っていたのに……。どうしたらいいのか、途方にくれてしまいました。

そこで、みんなに相談することにしました。経過を聞いた他の保育士たちからは、「京子先生は、お母さんの気持ちも、かんちゃんの気持ちも、どちらもよく考えてあげながら行動したと思う」「先生は、よくやっているよ！」という声がたくさん出ました。

そのうえで、お母さんが言った言葉を思い出しながら話し合ううちに、お母さんの考えは、「靴さえ汚れなければいい」というものではなく、一方で、「汚れるような活

動も、のびのびとやらせたい」という気持ちがあり、それはお母さんの"親ごころ"ではないだろうか、という意見が出されました。

かんちゃんも大事、お母さんも大事
　急な予定変更で靴が汚れる活動が入ったという状況で、京子先生がとった対応以外に、いい考えは浮かびません。具体策は出されないままの話し合いでしたが、自分の気持ちを受け止めてもらい、お母さんの隠れた気持ちが見えてくると、京子先生の中で何かが変わったようです。
　次の日の夕方、かんちゃんを迎えに来たお母さんに、「昨日のことだけど」と京子先生が声をかけました。「うちの子だけ特別扱いにして！」と、また怒りはじめるお母さんに向かって京子先生は、「特別扱いするよ！」ときっぱり言いました。えっ？と驚くお母さん。先生は、心をこめてこう言いました。「特別扱いするよ。お母さんの仕事が大変で、靴が汚れたら大変なのはよくわかっているから。かんちゃんのことも、特別扱いするよ。できるだけ、楽しい活動には参加してもらいたいから」「かんちゃんも大事、お母さんも大事だよ」。
　それを聞いたお母さんは、少ししゅんとして、「私って、ついこうやってズケズケ言ってしまい、言いすぎて、みんなにクレーマーって言われているんだよ」とつぶやきました。「そんなことないよ。言ってもらうことで、気づくこともたくさんあるから。まわりの人のことも考えて、みんなの代表で言ってくれているんだよね」と、先生は言いました。
　このことがあって以来、先生とかんちゃんのお母さんの距離は、グッと近づきました。「今日は仕事が大変だった」とか、「最近、子どものことを怒りすぎてしまって」とか、弱みやホンネを見せてくれるようになったのです。それにつれて、かんちゃんも笑顔が増え、いきいきとしていきました。

> エピソード②
> # 「お昼寝をさせないで！」と言われて
> 自分たちの保育を振り返るきっかけに

疲れているのに眠れないまりちゃん

　4歳のまりちゃんは、お昼寝がなかなかできません。本当は疲れているのに眠れないまりちゃんをなんとか休ませてあげたいと思い、担任の裕子先生は添い寝をしてみたり、体をなでてみたりするのですが、裕子先生が近づくとかえって興奮してしまい、ますます眠れません。それどころか、ちょっかいを出して、他の子の昼寝も邪魔してしまうため、結局まりちゃんだけ、他の子からふとんを離して寝かせていました。それでも歩き回るので、裕子先生は、「寝られなくてもいいから、静かにしてて」とたびたび注意します。

　そんなある日、まりちゃんがお母さんに「お昼寝がいやだ。寝ないと怒られるから」と話したことが発端になり、お母さんは強い口調で、「お昼寝がいやだと言ってます。眠れない子を無理に寝かせようとするのは変なのでは。それに、たまに寝た日は、夜、寝なくなって困るので、お昼寝はさせないでください」と言うのです。

　裕子先生がお母さんに「保育所は保育時間が長いので、疲れをとるためにお昼寝が必要です。みんな、寝てますし……」と言うと、お母さんはますます強い口調で「うちの子は体力があるから、お昼寝は必要ないです。違う部屋で遊ばせておいてください」と言うのです。

　裕子先生は、お母さんが言うように、たしかに寝たがらないまりちゃんにとっては、静かにふとんの中にいるのは苦痛だけで、がまんさせるのはかわいそうなのかな、別室で遊ばせておくべきなのかなと迷いました。

まりちゃんにとって一番いいことは何かを考える

　職員会議でそのことについて話し合うと、「まりちゃんだけ別室で遊ばせたら、他の子が『ずるい』と言い出して、みんなが寝たくないと言い出すのでは」という意見や、「集団生活なのだから、寝たくないから別室で遊んでいいよというのは、まりちゃんにとってよくないと思う」などの意見が出されました。「でも、それでは、お母さんが納得しないのでは……」。お母さんの要望をかなえれば、たしかにもめごとはなくなりそうです。でも、それで解決してよいのだろうか？　結論が出ないまま、時間ばかりが過ぎました。

　そこで、もう一度、お母さんの言動を振り返ってみることにしました。一見すると、自分たちのことしか考えていないように思えます。でも、お母さんの気持ちになれば、寝られないで怒られてしまうわが子のことを考えているようにも感じられます。

　「まりちゃんの育ちにとって、一番いいことは何か」という原点に戻って、再度、職員全員で考えてみました。すると、「まりちゃんは、みんなと同じ部屋にいたいと思っていて、でも、寝られなくて困っているのでは？　昼寝をさせるべき・させなくてよいということよりも、まりちゃんにとって、お昼寝の時間が安心できる時間になるようにしてあげることが大切だと思う」という意見が出てきました。また、「"お昼寝できないまりちゃんは困った子"という見方をしていたと思う」という反省も出てきました。

ゆったり寄り添ってみる

　翌日、裕子先生はお母さんに、「まりちゃんにとって、何がいいかをみんなで考えました。やはり、まりちゃんには、みんなと同じ部屋で、みんなと一緒にいてほしいと思います。でも、寝られないまりちゃんが安心して過ごせるように、その時間は私とまりちゃんがますます仲よくなれるように、ゆっくり一緒に過ごしたいと思いま

す」と伝えると、お母さんはうなずいていました。

そんなことがあってから、お昼寝の時間、裕子先生はまりちゃんに、「そばにいるからね」と伝え、ゆったりとそばにいるようにしました。はじめはうれしくて興奮気味のまりちゃんでしたが、日に日に興奮がおさまり、眠ることができるようになったのです。

「寝させよう寝させようと思っていた時には、なかなか寝てくれなかったのに、"寝なくても一緒にいるからね"と、こちらがゆったりと構えただけで、寝てくれることもあるんですね」と裕子先生は話していました。そして、まりちゃんは、寝られた日、「先生、まり、今日は寝られたんだよ」と先生たちみんなに自慢してまわっていました。先生たちが「えらかったね」とほめると、「まり、お昼寝して大きくなったでしょ」ととてもうれしそうでした。まりちゃんは、本当は寝たくなかったのではなく、みんなのように寝られないことがつらかったから、お昼寝がいやだったのだとわかりました。

わが子の味方になってほしい

そのことをお母さんに伝えると、お母さんはにっこりしながら、とてもうれしそうでした。お母さんの切なる願いは「お昼寝をさせないで」ではなかったのです。困っている子どもの味方になってもらいたかったのです。「早く寝てくれないと私が困る」と言ってくるお母さんも、実は裕子先生のように、子どもにゆったりとつきあう余裕がなかったのかもしれません。先生がゆったりとわが子にかかわってくれたことが、日頃そんなふうにできないお母さんの苦しさをも、解き放ってくれたのかもしれませんね。お母さんはその日、まりちゃんと手をつなぎながらうれしそうに帰っていきました。

エピソード

> エピソード③
> # 怒っているお母さんがいとおしく思えた瞬間
> "一生懸命"は見えにくい

原因は愛情不足？

「千恵、いい加減にしろ」と千恵ちゃんの頭をたたくお母さん。千恵ちゃんが言うことを聞かなくて困るのはわかるけど、虐待寸前ではと思われるほど、お母さんはいつもキリキリしている感じです。

「千恵ちゃんが落ち着かないのは、お母さんが怒りすぎで、愛情が不足しているからでは？」と、担任の順子先生は感じていました。なんとか千恵ちゃんにやさしく接してもらいたいと思って、お母さんの前で千恵ちゃんをほめたり、千恵ちゃんのいいところを一生懸命伝えたりしてみたのですが、「えーっ、本当ですか？」と受け取ってもらえない感じで、こちらが期待するように千恵ちゃんをほめてくれることもありません。それどころか、お母さんと話をすると「家で言うことを聞かないから、ずっと怒ってたんです。やんなっちゃう」という話ばかりです。

矛先は保育士に

そんなある日、千恵ちゃんのお母さんが「先生、千恵がね、順子先生がいやだと言うんだよ。先生が怒るからじゃない？」と怒った口調で言ってきました。たしかに千恵ちゃんは落ち着きがなく、集団行動を乱してばかりいるので、順子先生は困って叱ることがあります。でも、お母さんが怒りすぎるからと思っていた順子先生からすると、「私が怒るからはないだろう。お母さんのほうが怒るのに」と、まるでお母さんの責任を自分のせいにされたようないやな気持ちになりました。

　勝手なお母さんだなと思いながらも、お母さんの言う通り千恵ちゃんを叱るのを躊躇するようになりました。すると、千恵ちゃんの勝手ぶりはますますエスカレートしていき、次第に千恵ちゃんとも千恵ちゃんのお母さんとも、かかわることが苦痛になってきてしまいました。それなのに、ますます順子先生への不満をぶつけてくるお母さん。悪循環になっているのはわかっているけど、そこから抜け出せなくなってしまったのです。

お母さんのがんばりが見えてきた
　なんだか保育士の仕事もいやになってきてしまった順子先生は、主任に相談しました。主任は「一生懸命かかわってきたのに、それはつらいね」と、話を聞いてくれました。

その後、主任は、千恵ちゃんのお母さんに、千恵ちゃんの遊びのエピソードを伝えたりしながら、お母さんの言い分を聞くことにしました。お母さんからは、怒られるから保育園がいやだと言っているという千恵ちゃんの話以外にも、担任や保育所への不満がたくさん出てきました。
　「先生たちが怒るのがいけない」と言っていたかと思うと、「先生たちが甘いから、千恵が言うことをきかなくなるんだ」と言い出したりで、お母さんの話は矛盾がいっぱいです。しかし主任は、お母さんが言い分や気持ちを吐き出してくれることはよいことだと思い、話を聞き続けました。
　しばらく話を聞いていると、お母さんは、今度は主任の顔を直視して怒りをぶつけてきました。「主任が、子どもが泣くことは大事だよとか、泣いてもいいんだよとか言うから。だから私は、千恵がぐずってもつきあうようにしているんだけど。でも、私は泣かれると本当に苦しくなる。そして、いくらつきあってあげても、ちっとも泣きやまないじゃないか。最後は怒るしかなくなる。千恵は怒らなくちゃ言うことをきけないんだよ」。
　主任は、本気で怒りをぶつけてくるお母さんがなぜか、とてもいとおしく思えたのです。こんなに怒っているお母さんが素敵に思えたのは不思議でした。それは、千恵ちゃんをなんとかしようと必死になっているお母さんの姿が目に浮かんだ瞬間でした。
　お母さんは、自分が泣かれることはつらいのに、必死になってわが子の気持ちに寄り添おうとしたのです。でも、いくらつきあってあげても泣きやんでくれないので、どうしたらよいかわからず、最後は強く怒ることで泣きやませるしかなかったのです。
　お母さんなりに、必死に千恵ちゃんと向き合おうとしている姿が目の前に浮かんできて、お母さんの苦労や必死さに頭が下がる思いになりました。そして、ふとお母さんの言葉は矛盾ではなかったのだと思ったのです。千恵ちゃんに怒らずつきあってあげたいという気持ちと、千恵ちゃんが落ち着くためには怒るしかないという気持ち、そのどちらも必死な子育ての中でお母さんが切実に感じてきた思いだったんだと思い

ました。
　すると、目の前で不満を言い続けているお母さんが、一層いとおしく思えたのです。そうなると不思議なことに、延々と続くお母さんの不満だらけの話も、聞くのが苦痛ではなくなってきました。素敵なお母さんだなぁと思って話を聞いていると、主任の心もそれまでよりずっと楽になりました。苦情につきあうというのではなく、けなげなお母さんに寄り添う気持ちでいられました。
　そんな気持ちでしばらく話を聞き続けていると、突然、お母さんは涙ぐみ、「私自身がほめられないで育ったから……。本当は、もっと千恵をほめてあげたいのに……」と打ち明けてくれたのです。
　お母さんが帰ったあと、主任は順子先生のところへ行きました。そして、お母さんをけなげで、いとおしく思ったことを伝えました。「なんとかしたいと一生懸命ゆえに、空回りしてしまうことだっていっぱいあるよね」。その主任の言葉を聞いていた順子先生は、「私もそうだったかも」と思いました。
　その日から、順子先生は、千恵ちゃんのお母さんと話したり、かかわることが楽になってきて、笑顔で会話できることが増えていったのです。

エピソード

お母さんの味方になるということ
　子どもは、自分の味方になってくれる先生以上に、お母さんの味方になってくれる先生が大好きなのです。子どもは親思いなので、親が楽になると、自分も安心して、甘えられるようになるからなのでしょう。子育て支援で大切なのは、心からお母さん・お父さんの味方になることなのです。そして、親の味方になるためには、自分の味方になることです。

2
職員がつながれば、子どもは変わる
保育士一人ひとりを大切にする職場づくり

　保育士の仕事を何年もしていて思うことは、保育の知識や技法がどんなに優れていても、職場の人間関係がうまくいっていないと、子どもたちによい影響を与えることはできないということです。言い換えると、保育士として苦手なことがあったり、失敗をしてしまったりしても、人間関係がうまくいっていると、お互いのよいところを認め合い、助け合っていくという大人同士の姿そのものが、家族のような温かさや安心感を子どもたちに与えることになるということです。そういった環境の中にいると、子どもも保育士も安心して自分の気持ちが言えたり、苦手な面を克服しようという意欲が出てきたり、もっとがんばろうというやる気も起きやすくなってくるのではないでしょうか。

　とはいうものの、実はそこが一番むずかしく、悩みを抱えている人は多いと思います。私自身もこれまで、数々の失敗を重ねてきました。

　先に書いたように、「子どもの心の中で起きていること」を学び、子どもとかかわることが少しずつ、楽になってきたころのことです。フリー主任だった私は、子どもの困った行動に悩んでいたある保育士を助けようという気持ちが強くなり、私自身がその子の支援に直接あたったことがありました。その子は少しずつ落ち着いていったので、これで、きっと保育士は喜んでくれるだろうと思いました。しかし、満足していたのは私だけでした。保育士は私ではダメなんだと落ち込み、その子とのつながり

がかえって持ちにくくなってしまったのです。私のとった行動は、悩んでいる保育士を助けるどころか、保育士の気持ちを置いてけぼりにし、ますます不安にする結果に終わりました。自分の中では良かれと思ったことも、相手の立場になると、かみ合っていないことがあるのです。

　このような、これまでのたくさんの失敗から、職場の人間関係がうまくいくためには、以下のようなことが大切だということを学んできました。しかし、実は所長となった今も、試行錯誤が続いています。この節では、そんな日々の中から2つのエピソードをご紹介したいと思います。

まわりから認めてもらえると、自分から変われる
職場づくりで大切にしたい4つの保育のエッセンス

❶ いろいろなタイプの保育士がいてよい
　厳しい保育士は、子どもがちゃんとやれることを応援するのが上手で、やさしい保育士は、子どもの甘えたい気持ちを受け止めるのが上手です。そういう見方ができると、正反対

のタイプの保育士を批判するのではなく、いろんなタイプの保育士がいるからこそ生まれる、お互いの得意でない部分を補い合える関係性を感じ取ることができるようになります。

ただし、どちらのタイプの保育士も、厳しさや甘えさせ方がエスカレートしている時は、「その保育士の心の中に、そうせざるをえない何か不安な気持ちが隠れているのかもしれない」ということを心にとめておくと、相手の行動に対していら立ちにくくなり、寄り添いやすくなります。

❷お互いのよいところに目を向ける

人のよいところに目を向けていき、見つけ出すことが増えていくと、不思議と自分が気持ちよくなり、元気になれることがあります。人を認めることは、自分自身を認めることと表裏一体だからです。人の悪いところばかりが目につきやすくなっている時は、自分にゆとりがない時なのかもしれません。ゆとりがなくなるくらいがんばっている自分に、「よくやってるね」と声をかけてあげたいですね。

エッセンス

❸一人ひとりの保育士の"力"を信じる

保育士はだれもが子どもの気持ちを受け止め、子どもに愛を持って接することができる人たちです。しかし、だれもが、保育士としてこれではダメだと悩み、とまどうことも、経験してきているのではないでしょうか。挫折しそうになることもあるでしょう。そんな時は、仲間として、その保育士を心から信じ、共にいればいいのです。多くの解決策を見つけてあげなくても、共にいる安心感が、その人の持っている力を発揮しやすくするのです。

❹職員同士が「つながった」と思えるような会議に

行事等の日程や内容を議論する際は、事前にわかっていることはまとめておき、効率よく会議を進めていきたいものです。一方、子どもの心や行動について考えるケース検討会議は、子どもの成長を促すうえで、とても重要だと考えています。その子どもにどう寄り添うかということに思いをはせていると、職員同士が、心を寄せ合うことになり、つながりが深まっていきます。その関係性が、実は子どもの成長の大きな助けになるのです。

> エピソード①
> # 子ども同士の育ち合いを見守るには？
> **一つのテーマに園全体で取り組んでみる**

　「保育士が子どものホンネを見すえてかかわることで、その子本来の姿が取り戻せ、いきいきと力が発揮される」ということについて、これまで、いろいろ考えてきました。ホンネを見すえてかかわるという中には、「保育士が必要以上の言葉がけを控えて、見守っていく」ということも含まれていると思います。特に、子ども同士の育ち合いを支えていくうえで、「見守っていく」ということは、保育士の重要な役割です。

　しかし、時として、「教えてあげる」ことばかりが保育士の役割だと思い込んでしまうことも、少なくないようです。

　私自身も、子ども同士のトラブルがあると、どうしても「なんとかしなければ」という気持ちが働き、すぐに教えようとする言葉が出てしまいがちです。あれほど、子どもの力に信頼を置くことが大事とわかっているのに……。

　保育士であれば、「見守ることが大事」ということは何度も学んできました。ベテラン保育士であれば、いっそう肝に銘じているはず。しかし、子どもの成長を応援したいと思っている保育士ほど、かえって見守ることが苦手という現実を目の当たりにしています。なぜなのでしょうか？

私たちって子どもに口出しすぎてない？

　こういった状況をどうしたら乗り越えていけるのか、保育園全体で考える取り組みをしてみたいと思いました。そこで「子ども同士の育ち合いを応援するうえで、保育

士が言葉かけをしないことを意識してみよう」と投げかけてみたところ、先生たちの気持ちが動いたようで、「できていないかも」「どうしよう」と言いながらも、身を乗り出してきてくれました。

そこで、具体的に、2つの方向性を提案しました。

1つめは、「子どもの力を信頼して、子どもに任せてみよう」「言葉をかけすぎず、保育士が出すぎないようにすることで、子ども同士の中から育ってくる"宝物"を発見してみよう」ということです。もちろん、言葉をかけないということは放任ではなく、その子どもの姿に心寄せているということです。言葉をかけないことに意味があるのではなく、共にいる保育士の心のあり方が重要だと考えました。

もう1つは、「ついたくさんの言葉をかけてしまうというやり方から、言葉をかけないというやり方に変えてみた時、自分の心の中でどんなことが起きるのかを意識してみよう」ということです。「子どもの力を信頼し、子どもに任せる」ということの大切さは、わかっているにもかかわらず、ふだんの保育を左右する保育観がなかなか変化していかないのは、きっと保育士なりの切実な理由（心の動き）があるからではないかと思ったからです。保育方針として「子どもの力を信頼し、子どもに任せる保育をしましょう」と伝えるだけでなく、そうもいかない保育士の切実な気持ちにも注目し、そこに寄り添っていくことによって、心の底からの保育観の変化が起きてくるとしたら、素敵なことだと思いました。

はたして、数日後、さっそくエピソードが寄せられてきました。

ベッドの柵をガタガタ

9ヵ月のルミちゃんは、目覚めたばかりで、柵付きのベッドの中にいました。そこへ、1歳5ヵ月の佳代ちゃんが近づき、半分よじ登るようにして、柵をガタガタ揺らしはじめました。

いつもなら、担任のゆき先生は、「そこは、登ったら危ないよ！」「ガタガタさせな

いで！」とすぐに注意するところです。でも今回は口を出さず、しばらく見守ってみることにしました。「子どもの持っている力に信頼を置いてみよう」と意識しながら佳代ちゃんの様子をながめていると、「なんだか、遊んであげているみたい」と感じました。「音がするねえ」と、なにげないつぶやきのような言葉だけが自然と出ました。

　しばらく棚をガタガタ揺らせていた佳代ちゃんでしたが、やがて満足したのか、自分からやめて、柵から降りてきました。

　ゆき先生は、ふだんから「佳代ちゃんは、何かというと、ルミちゃんをいじめる」と思っていましたが、「ひょっとしたら、ただ、あやしてくれようとしていただけなのかも」と思いました。

　本当のところは、どうだったのかはわかりませんが、その日から、佳代ちゃんはルミちゃんに寄り添うような姿が増えていきました。

言葉がけを控えてみたら、イライラしちゃった

　りか先生は、保育士２年目の新人です。１年目は言うことを聞かない子どもたちを叱りすぎてしまったのではと、自分を振り返りながら、一生懸命仕事をしています。

　そんなりか先生は、今年は、０、１歳児の担任。１歳のさっちゃんが食事を食べ終わる前に、もう食べたくなくなったのか、立ち上がって歩きまわろうとしました。そこで、りか先生が止めようとしたのですが、暴れてしまいます。「立っちゃダメだよ」と止めようとすればするほど、暴れ方が大きくなるので、少し言葉をかけず、見守ることにしました。

　りか先生は、言葉をかけないように意識した瞬間、どうしようと不安になり、イライラが出てきてあせったそうです。そして、自分の胸をなでながら「落ち着け。落ち着け」とつぶやきました。

　その様子を見ていた同じクラスのベテラン保育士が、りか先生を「助けてあげたい」と思い、さっちゃんの手を引いて連れ戻し、食事の続きに誘うと食べ終えること

ができたそうです。
　私がその話をりか先生から聞いた時、先生のイライラの原因がなんなのかは、はっきりはわかりませんでした。しかし、「子どもが自分の言うことは聞いてくれない」という、りか先生の切実な悩みを聞くことはできました。子どもたちをしっかり導きたいという願いにあふれたりか先生。あの「落ち着け。落ち着け」は、新人ながらもがんばっている心の声であったように感じ、なんとも素直でかわいらしく思えました。

私って寛大！　と思えました

エピソード

　遅番の子どもたちの保育を担当している三上先生は、「言葉をかけすぎず、保育士が出すぎないようにすることで、子ども同士の中から育ってくる"宝物"を発見してみよう」という提案に、「えー」とちょっぴりとまどった様子でした。そして、「遅番の時間を、ただただケガのないように過ごさせなければと思うと、言葉が出ちゃって」と、わき上がってくる思いを話してくれました。そこで私は、「どんな気持ちが出てきても、その気持ちをまずは大事にしてね」とだけ伝えました。
　はじめは、言葉をかけないように意識すると、何をしたらいいのかわからなくなって、自分への無力感のようなものを感じたそうです。たくさんとまどいながら子どもと向き合う、そんなある日のこと。保育室の後ろに、棚の下にもぐって自由に遊べるスペースがあります。小さなカーテンもついているので、子どもたちに人気の場所です。そこに入っていた4歳のともきくんが、続けて入ろうとした3歳のりゅうくんに向かって、「おまえは入れてやんない！」と言い放ちました。言われたりゅうくんは、「入れてもらいたいのに！」と怒るやら、半べそになるやら……。
　いつもの三上先生だったら、ここで、「入れてあげなきゃ、かわいそうでしょ」とか、「仲間はずれはダメ！」などと声をかけるのですが、今回はりゅうくんに向かって「入れてほしかったね」とだけ声をかけ、あとはグッとがまんして見守ってみることにしました。

エピソード

　すると、しばらくは拒否をしながら様子を見ていたともきくんでしたが、やがて自分から、「ぼくの大事な物がここにあるから、これをこわさないなら、はいっていいよ」と言ったのです。それを聞いたりゅうくんは、ともきくんとの約束を守りながら、喜んで棚の下にもぐって遊んでいました。
　その経過を話してくれる三上先生は、とってもいきいきしていました。そして、「よけいなこと、言わないでよかったと思いました。子ども同士で解決できて。そして、私って寛大！　と思えました」と笑っていました。その顔は、自信に満ちているようでした。

「必要以上の言葉がけを控えて、見守っていく」という提案を実践にうつした時、イライラや、とまどいや、無力感など、さまざまな感情が保育士の心の中にわき起こったようです。しかしその奥には、子どもたちを「支えたい」「助けたい」「守りたい」という保育士魂（保育士としての責任感）が存在していることを、私自身、今回職員から寄せられたエピソードから実感することができました。ですから、まずは、「そういう自分にマルをあげる」ということが大切なのではないでしょうか。そこから出発したほうが、いきいきと、自然に、たくさんの言葉がけから卒業できていくと思うのです。

　「子どもたちは、育ち合いの力を持っている」ということを、頭だけで理解するのはむずかしいことだと思います。でも、今回のように保育士が、小さな宝物の発見を積み重ねていくと、子どもの持つ力への信頼感が自然に高まっていくようです。

　それどころか、保育士自身が達成感を感じながら、子どもの持つ力と響き合い、自己肯定感が高まっていくのですね。「子どもの持つ力への信頼感」を持てると、「保育士自身が持つ力への信頼感」も持てるようになる、ということなのでしょう。

エピソード

　今回の取り組みでは、言葉が多く出てしまう保育士の心の奥は、実は子どもを思う気持ちであふれていたのだと、職員間でわかり合うことができました。そして、何よりもよかったのは、保育のスタイルが違う保育士同士でも、子どもを思う気持ちと、どうしてもわき上がってきてしまうあせりやイライラとの間の葛藤は、自分にも起きていることだと共感し合い、互いの存在を認めていくことや助け合っていくことにつながっていったということです。そのことは、取り組んだ当初は予想していないことでした。子どもたちの力を信じ、育ち合いを応援していく取り組みは、保育士同士の育ち合いやつながりを深めていったのです。保育士一人ひとりには、子どもたちに負けないくらいの素敵な力があるということですね。

> エピソード②
> # 弘志くんのケース検討会議
> "こたえ"はみんなでつくるもの

試行錯誤はしてきたけれど

　負けず嫌いの弘志くん。運動会のリレーで、大差をつけられバトンを受け取ると、「もう勝てない」と思い、くやしさのあまり、途中でバトンを投げてコースアウトしてしまいます。

　そんな弘志くんに保育士は、「負けちゃうのはいやだよね」「くやしいね」と気持ちをくんでなぐさめたり、「一緒にやろうよ」と誘ったりと、ていねいにかかわってきました。しかし、声をかけると、「うるせえ」「あっち行け」と怒り出してしまいます。それならば、一人にしてクールダウンするのを待ったほうがいいのかと、見守ることもしてみました。そんなふうに試行錯誤を繰り返しながら、弘志くんがみんなと一緒になんとかリレーに参加できないかとかかわってきましたが、うまくいきません。しだいに弘志くんは、一人で砂場にいることが増えていきました。

　運動会本番も迫り、弘志くんにどうかかわればよいのか、職員全体で改めて考えていきたいと思い、ケース検討会議を開くことになりました。

ケース検討会議についてのとまどい

　子どもの行動について考えるケース検討会議は、職員の共通理解を図りながら、子どもの成長を促すうえで、とても重要だと考えています。しかし、その会議がどうあるべきか、所長の立場の私は、とてもとまどうことがあります。

　私には、先生たちにたくさんなぐさめてもらってきた弘志くんは、年長児になり、

課題意識が高くなって、うまくやれない自分に腹を立てているように見えました。なので、私なりにこんな対応はどうかと考えていることがありました。でも、先生たちが数々の苦労をしてかかわってきたことを知っていただけに、「こうかかわったほうがよいのでは」と簡単に言葉だけで伝えるわけにはいかないと思いました。むずかしいケースほど、所長の考えを押しつければ、先生たちとのつながりが薄れ、うまくいかないことも経験してきました。一番は、先生たち自身で実感して、つかみ取っていくことだと思いました。自分たちの持つ力が発揮された時こそ、それが大きな喜びと自信になっていくのですから。

　先生たちに弘志くんのホンネを実感してもらうために、ロールプレイをするのはどうだろうかとも考えました。ロールプレイでは、どんな感じ方も間違いではなく、その人なりの感じ方や気づきを大切にしていきます。ところが、その時の私の中には、こう気づいてほしいという意図が強くあったので、それではロールプレイはうまくいかないだろうと思い、あきらめることにしました。

　結局、所長として、何の手だてもなく、会議がはじまりました。ただ、どの先生もみんな、弘志くんのために一生懸命だということはわかっていました。私は、「なんとかしなければ」と思うほど、わかってもらおうと必死になって先走ってしまう傾向が強いので、自分が話すより、とにかく先生たちの気持ちを聞くことにしました。

弘志くんへの思いを語り合う

　会議に集まってきた先生たちは緊張した面持ちで、話し合いがはじまっても、一瞬沈黙の時間がありました。しかし不思議とその緊張は、先生たちがこれまでがんばってきたからこそだと思え、先生たちを見ながら心地よく感じたことを覚えています。

　会議の中で、先生たち一人ひとりが、弘志くんへの思いを語ってくれました。「弘志くんは本当は『がんばりたい』のだと思う。でも、『どうせぼくなんか』と思ってしまっているようだ」という先生たちの発言は、まるで弘志くんの気持ちを代弁して

いるかのようでした。

　私は、先生たちの感じた弘志くんの気持ちを表現してみることなら、できるかもしれないと思いました。そこで、弘志くんの気持ちを想像し、弘志くんになったつもりで、「どうせぼくなんか」と言いながら、こんな感じかな？　と体を固まらせてみました。そして先生たちに、それをしばらく眺めてもらい、「これを見てどう思う？」と聞いてみました。

　すると、先生たちは、「『弘志ならやれる』『ちゃんとやれる』と言いたくなった」と、口々に言ってくれました。私は先生たちの感性のすごさを感じました。そして、「リレーでバトンを投げて逃げようとしても、弘志くんならやれるという気持ちで、逃がさないようにしよう」「しっかりつかまえて、走らせよう」。そんな発言が出はじめたのです。そうやって作戦を立てていくうちに、いつの間にか先生たち自身もいきいきしてきたように、私は感じました。

エピソード

一人にしないよ！

　会議の翌日、リレーの練習がはじまると、先生たちはトラックの四方八方に分かれ、"さーきてみろ！　どこに逃げても逃がさない""本当はがんばりたい弘志くんをはなさないで、一緒に走るぞ"という意気込みでいました。もちろん、これまでの弘志くんの行動から、その場でひっくり返って怒るということも予想されましたが、それでもいいからやってみようという先生たちの気迫を感じました。

　その日も、いつものように大差をつけられ、弘志くんにバトンが渡りました。一瞬、走り抜くかのような表情を見せながらも、これまたいつものようにコースから外れようとする弘志くんでしたが、素早く職員が両脇から抱えるように手をつなぎ、逃がさないで一緒に走りました。最初は、「はなせよ」とどなる弘志くんを、力ずくで引っ張っているかのようでした。しかし途中からは、弘志くん自身の意思で足を前に出して走っていることが、だれの目から見てもわかりました。そして最後まで走りき

り、次の子にバトンを渡すことができたのです。両脇についていた先生たちはもとより、みんながそのことを喜び合い、弘志くんをほめました。

その後の練習でも、すぐにはすべてが切り替えられたわけではない弘志くんでしたが、「一人にしてくれ」「あっち行って」とどなられても、弘志くんの言葉に迷わされることなく、「一人にしないよ」と抱きしめたり、手をつないだりしていると、「はなせ」と口では言いながらも、体は先生の方に動いていることを実感したのです。「本当は、みんなと一緒にがんばりたい」「みんなと一緒にいたい」という弘志くんのホンネを実感し、感動した瞬間でした。

弘志くんは、「負けるのがくやしい」気持ちもあるけれど、それ以上に「最後まで走れないことがくやしい」という気持ちがあることが、だんだんわかってきました。弘志くんは、大好きな先生に、笑顔でこう打ち明けたそうです。「ぼくね。怒らないで走ったよ」……。

心から信じるということ

後日、先生たちは、「問題行動があると、とかくなんとかしなければと方法を考えることに力が入ってしまうけど、この子はやれる！　と"心から信じる"ことが大切なのですね」と話していました。

私はその言葉を聞いて、自分が先生たちに何かを伝えたい時も、まずは先生たちのことを"心から信じる"ことが大切だなあと思いました。同じなのですね。必死になるのは相手を思うがゆえのことですが、心を落ち着かせて、その人を心から信じてかかわった時に、目には見えないつながりが生まれるのだなあと思いました。そして、今回のように、先生たちも、弘志くんも、自分も、みんながつながりを持てたことで、一人ひとりがいきいきして、その中で弘志くんの本来の力が発揮されたのだと思います。

心から信じるということは、その人を批判的に見ないということでしょう。ありの

ままのその人を認めることなのだと思います。

　ふと、そのことを自分自身に問いかけてみると、日常生活でどれだけそれができているかと思うと、恥ずかしくなることばかりです。そして、人を信じるということは、自分自身を信じるということが土台なのかもしれないなぁとも思いました。

　今の社会のあつれきの中で私たちは、知らず知らずのうちに、自分を認めてもらうために競って生活を送っていかなければならなくなっているように思います。人と人とのつながりが持ちにくくなっていて当然なのかもしれません。しかし、そんなことから解放されて、目の前の一人の子どもを信じられ、つながりを取り戻せた時、幸せが感じられるのでしょう。そう思うと今回のことは、弘志くんからの素敵な贈り物だったと思うのです。

エピソード

つながりを拒否しているように見えても……
　人間はもともと、お互いがつながりを持って生きていく動物です。社会の変化から、つながりを持ちにくくなってきている現在、ちょっとしたいざこざがあると、無意識の中で、孤立への恐怖から、それを回復しようとして、怒りをまき散らしてしまうということがあるのかもしれません。人間関係がうまくいかない人ほど、本当は人とのつながりを求めているのではないかと思うのです。言い換えると、人間関係をうまくやっていこうとしない姿は、見せかけの姿で、つながりが持てるようになると、安心感から、その人本来の姿に戻るということです。お互いに助け合っていくということは、よいアドバイスをするとか、やってあげるだけではなく、その人とつながりを持ち、一人じゃないのだという心の支えになっていくということなのかもしれません。そうすれば、お互いがつながっていることに安心して、一人ひとりが自分らしさを発揮できる素敵な保育士集団になっていけるのではないでしょうか。

3
保育士のストレス対策
自分のホンネも大事にしよう

意外にむずかしい自己コントロール

　さまざまな機会を通して、保育の知識や技術を学んでいくことは大切です。しかし一方で、「頭ではわかっているのに、なかなか実行できない」という場合があります。研修を積んでいても、なかなか自分が願っているように行動できない……。実はそれは、心の中に抱えたストレスに原因があるのかもしれません。

　ストレスを抱えてイライラしていると、子どもたちとのかかわりに身が入らないことがあります。自信を失って落ち込んでいると、子どもの気持ちにていねいにつきあう気力がなくなってしまうこともあるでしょう。

　反対に、心の中がすっきりしていたなら、子どもたちにも"よいオーラ"が伝わり、そんなに肩に力を入れなくても、自然な形でよりよい保育ができそうです。

　ところが、こういった"自分自身の気持ちのコントロール"は意外にむずかしいもの。ひょっとしたら、子どもたちの気持ちにつきあうことより、自分自身の気持ちとうまくつきあうことのほうが、何倍もむずかしいかもしれません。特に、このストレス社会の中では……。どうすればストレスをためないで、毎日を過ごせるようになるのでしょうか？

ストレス解消をはばむ"心のフタ"

　泣いてなどいられない大人の暮らし、そして、それゆえに広まってきた泣かせない子育て。そうした中で生まれ育ってきた私たちですから、たいていはストレスの解消があまり上手ではありません。

　本当は大人だって、苦しいことや悲しいことがあったら、子どものように泣きたくなることがあるでしょう。時には、子どものようにダダをこねてみたくなったり、だれかに甘えてヨシヨシしてほしくなったりすることがあるかもしれません。それは自然なストレス解消行動ですので、少しも変なことではありません。

　むしろ不自然なのは、私たちが知らず知

ずのうちに心に"フタ"をして、ストレスをしまい込んでしまっていることです。"心のフタ"は、早くも子どものころからつくられはじめます。そのために本人も周囲も困っていた子どもの例を、PartⅡで何例か見てきました。

大人だって泣いていい

ストレスがたまってきた時は、自分自身に対して、「泣きたくなる時だってあるよね」「ダダをこねたい気持ちも、わかるわかる」「時には、甘えたっていいんだよ」と声をかけてあげるとよいのです（**図1**）。そうやって、気持ちを無理にがまんするのではなく、共感的につきあってあげていると、ストレスがたまりにくくなります。自分一人では気持ちをもてあましそうな時は、耳を傾けてくれるだれかに気持ちを聴いてもらうとよいでしょう。

こんなふうに自分自身とつきあっていると、ひどいストレスを抱え込むことが少なくなるので、その人が持っているよさがそのまま発揮されやすくなるはずです。やるべきことをしっかりとやり遂げる実行力が発揮できるようになるでしょう。

図1

その一方で、何もかも抱え込むのではなく、必要な時は人の力を借りたり、人にまかせたり、ということもできるようになるはずです。また、がんばる時と、ほっと力を抜いてリラックスする時の切り替えがうまくなり、そのぶん、いざという時の集中力は相当なものになっていくでしょう。

タイプ別ストレス対処法

ところが、知らず知らずのうちに"心のフタ"がしめられてしまうと、ストレスを受け止めるのではなく、単にストレスを閉じ込め

ておく状態が続きます。そうなると、それはそれでストレスを引きずり、苦しくなってしまいます。

そんな時、心の中に登場してくるのは、「2人の分身」です。1人めの分身は、"まじめな私"。もう1人の分身は"気ままな私"。

どんな人の心の中にも、この2人の分身が住んでいますが、どちらが優勢かによって、"がまん"タイプ、"発散"タイプという、2つのタイプに分かれます。

ストレスへの対処法も、タイプによって異なります。順番に見ていきましょう。

"まじめな分身"が優勢の"がまん"タイプ

"心のフタ"がしめられ、ストレスがたまって苦しくなってきた時、"まじめな私"が登場するタイプです。"まじめな私"は、ストレスに向かって、「泣いちゃダメ」「大人だったらがんばらないと！」と、がまんを要求します。「いやだなんて言わないで、素直にハイと言いなさい」「人に甘えず、なんでも一人でやらないと」と、いつも言っています（**図2**）。子どもの例で言うなら、PartⅡの1で紹介したエピソード⑧の「いつもいい子の琴音ちゃん」（52頁）がその典型です。

私たち大人は、ホンネの気持ちをしまい込んで、がんばらなくてはならない時があります。でも、常にがまんしていると、たくさんの気持ち（泣きたい、ダダをこねたい、甘えたい）がたまってしまいます。すると、それが新たなストレスとなって心を圧迫し、その人が本来持っているパワーが出にくくなってしまうのです。

"がまん"タイプの人は、自分のホンネの気持ちをがまんして、一生懸命に努力するので、周囲の人からは"よい保育士さん"と見られることが多いでしょう。にもかかわらず本人は、「自分は、まだまだがんばりが足りない」という思いを抱えていて、人からのほめ言葉にも素直に喜べないこともあるのではないでしょうか。

また、引き受けた仕事は完璧にやりたいほうなので、自分で自分を追い込む結果になりがちです。ほっと一息つけるような時間があっても、なぜか忙しく活動し続けてしまったり、たえず忙しくしていないと、落ち着かないかもしれません。

しかし、限界をこえそうになると、ふだんは鳴りをひそめていた"気ままな私"が突如目覚めます。ふだんはおだやかでやさしい性格なのに、ちょっとしたことでキレてしまうこともあるでしょう。

図2

"がまん"タイプの人向きのストレス対処法

❶ "まじめな私"に「ありがとう」

「甘えちゃダメ」「にっこり笑ってがんばれ」と言い続けている"まじめな私"を悪者とは考えないでください。それには、"まじめな私"なりのわけがあるからです。

たとえば、「泣かないぞ」「甘えないぞ」と、自分のホンネをしまい込むことによって、やっと乗り越えてきた人生があるのかもしれません。泣くわけにはいかなかった、甘えるわけにはいかなかった。そんなことをしていたら、困ったことが起きていた。自分を守るために、"まじめな私"は必死にがんばってきてくれたのかもしれません。"まじめな私"には、「今まで守ってきてくれて、ありがとう」と言ってあげましょう。

❷ 甘えることへのチャレンジ

まじめな甘え下手さんにとっては、人に甘えるということは、実はとても苦手でこわいこと。少しずつでいいですから、チャレンジしてみてください。

まずは、人から、「やってあげようか？」と言われた時、「いいえ、大丈夫」と断らないで、「じゃあ、お願い。ありがとう！」と、な

るべくおまかせしてみるというチャレンジはどうでしょう。また、何か困ったことが起きた時も、なるべく人にＳＯＳの信号を出し、助けを求めるチャレンジもよいかもしれません。ただ、最初のうちは、大きなピンチの場面で、自分の行動パターンから抜け出すのは大変です。ですから、まずは、ほんの小さなことから、チャレンジをしてみるとよいでしょう。

❸ 泣くことを自分に許してみる

　テレビやDVDを観ている時など、なぜか急に胸がざわざわすることって、ありませんか？そんな時は、ひょっとしたら、心の中の"まじめな私"がストレスをコントロールしきれなくなっているのかもしれません。だとしたら、"まじめな私"を抱きしめ、「がんばりきれなくなっちゃったね。泣きたい時は泣いていいんだよ」と声をかけてみてはどうでしょう。「どうして、こんなことで泣きたくなるのだろう？」と、不思議に思うこともあるかもしれません。でも、きっとそれは、あなたの中に隠れていた"気ままな私"のおかげなのです。

　涙腺が弱くなったあとは、なぜか心がすっきりするはずです。

"気ままな分身"が優勢の"発散"タイプ

　"心のフタ"がしめられ、ストレスがたまって苦しくなってきた時、"気ままな私"が登場するタイプです。"気ままな私"は、ストレスに向かって、「その気持ち、思うままに行動して、まぎらしてしまいな」と言います。すると、その場の状況にかかわらず、気持ちが暴発するので、おしゃべりが止まらなくなったり、イライラをぶつけたり、すねたり突っ張ったりして、周囲の人に迷惑をかけてしまいます。

　一見あまりがまんをしない（がまんができない）かのように見え、ストレスはたまりにくいのではと思われがちですが、そのわりには、心の底ではいつもイライラした感じが消えないのは、依然として"心のフタ"が健在だからです（図3）。子どもの例で言うなら、PartⅡの1で紹介したエピソード⑨の「乱暴なたっちゃん」（55頁）がその典型です。

　周囲の人に気持ちを表現していくことは悪いことではありませんし、それが必要な場合もたくさんあります。しかし、そういった形で支えられながらも、"心のフタ"がゆるんでいき、「自分で、自分自身の気持ちを受け止める」ことが少しずつでもできるようになっていかないと、変な依存傾向に陥ってしまいがちになります。

図3

　こういったタイプの人の"子どものような感じ"は、ある場面では、周囲の人に「無邪気で、かわいい人」と受け止めてもらえるかもしれません。しかし、場をわきまえない言動が多いとすると、「大人としての自覚が足りない」と非難されてもしかたがない面があります。

　また、このタイプの人は、まわりからは、「自由に生きているね」「ホンネの気持ちがズバズバ言えて、いいなあ」「悩みなんか、ないよね」と見られることが多いことでしょう。しかし、そのわりには、なんとなく自分に自信が持てないところがあるのではないでしょうか。

　まわりから何か大事な仕事をまかされそうになると、「私には無理」と逃げてしまうことが多かったり。せっかくやりはじめても、途中で自信がなくなって、ごまかしたり、他の人に丸投げをしたり。すると、ふだんは陰に隠れていた"まじめな私"が、「こんな自分ではだめだ」と声をあげます。

　でも、"発散"タイプには、本来は開放的で、創造的で、素敵な感性を持った人が多いのです。そういう意味で、すばらしい保育士さんになる素質は十分なのですが、もともと持っている力を出し切る前に、「私はダメ」とあきらめてしまうことが多いので、とてももったいないのです。

"発散"タイプの人向きのストレス対処法

❶ 気づきが変化をもたらす

このタイプの人は、自分を客観的に見つめることが苦手かもしれません。振り返って事実をシビアに受け止める力が未熟なので、「そんなこと、知らないもん！」とつい言い逃れをしたくなるのです。ですから、これまでの説明を読んで、自分は"発散"タイプかもしれないと思えた人は、そう気づけたこと自体が、大きな一歩だと言えます。

ただ、自分のタイプに気づいたあと、それを直そうとしても、なかなかうまくいかず、落ち込んでしまうかもしれません。でも、大丈夫。急に直そうとがんばらなくても、ふだんの生活の中で、「ああ、また自分の心のクセが出たな」と気づくだけで、自然な変化が起きてくるのです。"気づき"には、心の傾向を自然に変えていく力が隠されているのですから。

❷ 怒りを抱え込むチャレンジ

"発散"タイプの人が、つい大人げなくぶちまけてしまうのは、たいてい、怒りの感情ではないでしょうか。本来は悲しかったりさびしかったりする気持ちがたまりにたまると、怒りに変質してしまうからです。

そこで、「怒りが出そうになった時、それを外に出さないで、内部に閉じ込めてみる」というチャレンジをしてみてはどうでしょう。

怒りを出さないようにがまんしてみると、出口を失った怒りが、体の中でどんどんふくれ上がっていきます。それでも閉じ込めたままにしておくと、体全体が怒りの火の玉になったように感じるかもしれません。でも、安心してください。それは5分と続くことはなく、ピークを越えると、怒りが自然に静まっていくはずです。ストレスとなっていた気持ちを、自分自身で受け止めてあげたからです。

こういうチャレンジをしてみると、そのあと、すっきりと心が落ち着く感じになるでしょう。または、「私は、怒りたかったのではなく、悲しかったのだ」などと、自分のホンネの気持ちに気づくことがあるかもしれません。

❸ 叱ってくれる人を大切に

今のあなたにとって、やさしく受け止めてくれる人は必要です。しかし、やさしいだけの人とばかり仲よくなっていては、あなたの心の中にいる"自分自身を受け止める力"は眠ったままになってしまいます。

ですから、時には、「大人なんだから、しっかりやりなさい！」と、ちゃんと叱ってくれる人の存在は大切です。そういう人は、あなたの中にあるパワーを揺り起こそうとしてくれているのですから。勘違いの無力感にしばられているあなたの、心の奥底にあるパワーを知ってい

3　保育士のストレス対策

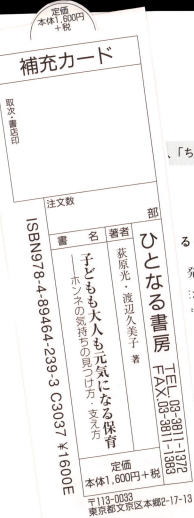

「ちゃんとしなさい！」と言ってくれるのです。

になります。ですから、ますますストレスまみれになってしまう可能性が大きいのです。

仲間の存在に支えられて

　なにも親に頼らなくても、あなたのまわりには、あなたを支えてくれる仲間がいるでしょう。仲間の助けを遠慮するのでも、仲間の助けにすがり続けるのでもありません。「あなた自身が、自分の気持ちを抱きしめる」という方向で、少しずつ歩いていけるよう、応援してもらうのです。

　"心のフタ"がはずれ、あなた自身が直接ストレスを受け止めることができるようになると、"まじめな私"も"気ままな私"もストレスに対処することから解放されますから、それぞれの持ち味、つまり、「責任を持って引き受け、やり遂げる」という面や、「何事にも興味関心を持ち、いきいきとしている」という面が、仕事の中で発揮されるようになります。

　私のまわりには、そんな形で、ストレス地獄から抜け出すことができた保育士さんがたくさんいます。友人や職場の仲間とつながりながら、無理のない範囲でいいですから、自分と向き合っていってくださいね。

あとがき

　私は子どものころ、保育所が大嫌いで、母が送っていっても、いつも母から離れなかったそうです。母はしかたなく、帰らずにしばらく保育所にいたそうです。

　ある日、雨が降り出したので、傘もない母は、私に見つからないように家に帰りました。母のいないことに気づいた私は、傘もささずに保育所を飛び出して、必死で母を追いかけました。不思議とその情景だけは、私の記憶に留まっていました。

　その情景以外は、幼いころの記憶がまったくない私に、母は「牛乳が飲めないから保育所が嫌いだったんだ」とよく話してくれました。「保育所を飛び出すなんて、ずいぶん先生たちに迷惑をかけたし、ダメな子ども時代だったんだ」と思っていました。

　そんな私が、保育士になったのですから、母も近所のおばちゃんも「あの保育所嫌いの久美ちゃんがねー……」と驚いていたものです。

　気づいてみると、私は「発達が気になる子」とのかかわりにとても力を入れていました。無意識ですが、自分を見ているようで放っておけなかったのでしょうか。

　そんなことから、私は、日本抱っこ法協会が主催するある研修会で「抱っこ法」を学ぶことになりました。

　子どもの問題行動の裏にあるホンネを知ることができた時、本当に子どもたちがけなげであることに気づき、温かい気持ちになりました。そして、いつしか私自身についても、保育所が大嫌いだったのではなく、母は耳が不自由だったので、幼いながらも、母を心配して離れられなかったのかもしれないなぁと、幼かった自分の行動さえも、許してあげられ、やさしい気持ちを向けてあげることができました。その後、母は老いてからも「久美子は保育所が大嫌いで、よく困らせられたよ」と話していましたが、「そうだね。よく困らせたね」と母に感謝しながらほほえんでこたえることができたのですから、不思議です。

　今、私は生まれ育った富津市で、子どもたちと保育士仲間に囲まれて過ごしています。迷惑をかけても大事に育ててもらったこの地の人々に恩返しをする気持ちで、これからも保育士という仕事をしていきたいと思います。

実はこの本ですが、出来上がるまでに、９年の歳月がかかっています。保育士時代から現在の所長という立場になってからも含めて、私自身が保育現場で出会ったエピソードを載せさせてもらいました。９年の間には、エピソードの内容が増えただけでなく、私の気持ちの状態にもめまぐるしい変化が起こっていました。

　当初は、保育現場で悩んでいる保育士のためのハウツー物の本をということで、抱っこ法の指導者である萩原光さんに実際に保育所に訪れてもらい、何に困っているかの相談にのってもらっていました。そしてそのことをもとに、現場の先生が困っていることを取り上げて、少しでも助けになるような回答ができればと原稿を書き進めていました。

　ところが、９年という歳月の中で、保育という営みの中では、実践の「やり方」が生きていく根底には、保育士の心の「あり方」が大切なのだということを、深く感じていくようになりました。そこで、「あり方」をテーマに、再度、書き直しをすることになったのです。とはいえ、「あり方」と一口に言いましても、それにはどこまでも限りなく自分育てが必要で、いまだに未知の世界のように感じるほどです。

　そのため、本の中のあちこちに、「やり方」と心の「あり方」への意識のたどたどしさがあらわれていることと思います。未完成ゆえに、読者のみなさんと共に、この本を通じて一緒に考えることができたら、本当に幸せです。

　本の原稿を練っていく過程では、日本抱っこ法協会名誉会長の阿部秀雄先生をはじめとした、同協会の活動部門の一つである「子育てを一から見直すプロジェクト」のみなさんが、何度も原稿を読み、一緒に悩んで、考えて下さいました。深く感謝申し上げます。松井玲子さんをはじめ、ひとなる書房のみなさんにも大変お世話になりました。ありがとうございました。

　最後になりましたが、私にたくさんの力をくれた子どもたちや保育士の仲間たち、今は天国にいる両親、いまだにやんちゃな娘たち、たくさんの人たちの支えとつながりに、心からの感謝を捧げます。

渡辺久美子

著者プロフィール

萩原 光（はぎはら・こう）

1956年生まれ。早稲田大学卒。千葉県でシャローム共育相談室を主宰し、多くの親子の立ち直りを援助するかたわら、雑誌の連載・講演活動などを通じて、抱っこ法の普及に力を注いでいる。自ら運営するホームページ「ぴっかりさんの子育て相談室」は、多くのお母さんたちの支持を集める人気サイトとして有名。日本抱っこ法協会理事。「子育てを一から見直すプロジェクト」メンバー。
連絡先：picari@nifty.com

おもな著書
・単著『心を抱きしめると子育てが変わる』（主婦の友社）
　　　『ちょっと気になる子の育て方』（学陽書房）
・共著『母乳と育児とこころのケア』（メディカ出版）

渡辺久美子（わたなべ・くみこ）

1963年生まれ。東京成徳短期大学（幼児教育科）卒。千葉県富津市に生まれ育つ。子ども時代は保育所をクビになるくらいの問題児。なのに保育士職に惹かれ、保育士になる。育ててもらった富津市に恩返しをしたくて、民間幼稚園に4年勤務、その後富津市公立保育所に勤め29年（クラス担当、フリー主任を経て所長）、現在に至る。いまだ子育てに悪戦苦闘中の母親でもある。日本抱っこ法協会公認ホルダー。「子育てを一から見直すプロジェクト」メンバー。

- 装幀・本文デザイン　山田道弘
- 装画　おのでらえいこ
- 本文イラスト　山岡小麦

子どもも大人も元気になる保育──ホンネの気持ちの見つけ方・支え方
2016年8月30日　初版発行

　　　　　　　　　著　者　萩原　光
　　　　　　　　　　　　　渡辺久美子
　　　　　　　　　発行者　名古屋研一
　　　　　　　　　発行所　㈱ひとなる書房
　　　　　　　　　　　　　東京都文京区本郷2-17-13
　　　　　　　　　　　　　広和レジデンス
　　　　　　　　　　　　　電話　03-3811-1372
　　　　　　　　　　　　　Fax　03-3811-1383
　　　　　　　　　　　　　hitonaru@alles.or.jp

©2016　印刷・製本／中央精版印刷株式会社
＊落丁本、乱丁本はお取り替えいたします。

ひとなる書房　出版案内

子どもとつくる保育 年齢別シリーズ

0～2歳巻 監修：加藤繁美・神田英雄　　3～5歳巻 監修：加藤繁美

子どものつぶやきを丁寧に聴きとり、対話しながら、ともにかけがえのない物語を紡いでいく。そんな〈子どもとつくる保育〉への挑戦を支える新シリーズ。

●各巻 B5判・192頁　本体2200円

子どもとつくる0歳児保育──心も体も気持ちいい
　松本博雄＋第一そだち保育園 編著　●978-4-89464-167-9

子どもとつくる1歳児保育──イッショ！がたのしい
　服部敬子 編著　●978-4-89464-201-0

子どもとつくる2歳児保育──思いがふくらみ響きあう
　富田昌平 編著　●978-4-89464-179-2

子どもとつくる3歳児保育──イッチョマエ！が誇らしい
　塩崎美穂 編著　●978-4-89464-231-7

子どもとつくる4歳児保育──揺れる心をドラマにかえて
　齋藤政子 編著　●978-4-89464-232-4

子どもとつくる5歳児保育──本気と本気がつながって
　山本理絵 編著　●978-4-89464-233-1

保育実践力アップシリーズ

❶「気になる子」と言わない保育

赤木和重・岡村由紀子 編著

どのクラスでも出会う22の事例ごとに、「子ども目線」から子ども理解を進め、「集団のよさ」を生かす手立てをわかりやすく提案。
●B5判・160頁　978-4-89464-195-2　本体1800円

❷ 子どもとつながる 子どもがつながる

安曇幸子・伊野緑・吉田裕子・田代康子 編著

子どもとの関係がつくれない、いつまでもクラスがバラバラ……かかわるタイミングと視点、楽しい保育づくりの舞台裏を大公開！
●B5判・160頁　978-4-89464-208-9　本体1800円

❸ 記録を書く人 書けない人

加藤繁美 著

保育の中で心動かされたことを、「日記」や「シナリオ」のように書き続ける。ただそれだけで、次の保育の糸口が見つかるのです。
●B5判・176頁　978-4-89464-213-3　本体1800円

表示金額は税抜価格